Anja Balschun

Koblenz

Nur Koblenz allein hat Mosel und Rhein

Geschichten & Anekdoten

Bildnachweis

S. 10 Thomas Elzer, S. 14 Karsten Lunnebach, S. 17 Stadtarchiv Koblenz (StAK ZGD 591/64), S. 31 Theater am Ehrenbreitstein, S. 43 EGON/Eichendorff-Gymnasium Koblenz, S. 46 Frauennotruf Koblenz, S. 50 M. Preiss, S. 58 Ulrike Anhamm, S. 63 Lotto Rheinland-Pfalz, S. 67 Theater Koblenz (Isa Steinhäuser), S. 70 gauls DIE FOTOGRAFEN. Alle übrigen Bilder stammen von Anja Balschun, S. 73 bearbeitet von Christian Schwemmle (ZF Group). Titelbild: ullstein bild

Danksagung

Es waren die Begegnungen mit den Menschen, und die Begeisterung mit der sie ihre Geschichten erzählt haben, die dieses Buch für mich zu etwas ganz Besonderem machen. All denjenigen, die ihre Erlebnisse und Erinnerungen mit mir geteilt haben, danke ich von Herzen.

1. Auflage 2024

Layout: Da Forma Agentur für Gestaltung, Gudensberg
Satz: Schneider Professionell Design, Schlüchtern-Elm
Druck und buchbinderische Verarbeitung:
Beltz Grafische Betriebe GmbH, Bad Langensalza

34281 Gudensberg-Gleichen, Im Wiesental 1
Tel. 0 56 03 - 9 30 50   www.wartberg-verlag.de
ISBN 978-3-8313-3622-7

Inhalt

Nur Koblenz allein …

… hat Mosel und Rhein. Von dieser Tatsache kann sich jeder bei einem Besuch am Deutschen Eck leicht überzeugen. An diesem Ort haben Vater Rhein und Mutter Mosel ein seit langer Zeit währendes Rendezvous. So einiges haben sie gesehen, die beiden Flüsse, zum Beispiel die Römer, die etwa zur Zeit von Christi Geburt, während Kaiser Augustus regierte, an ihren Ufern ein Kastell errichteten. Sie nannten es auf gut Lateinisch „Castellum apud Confluentes“, was übersetzt „Kastell bei den Zusammenfließenden“ heißt.

Den noch heute gebräuchlichen Namen Deutsches Eck erhielt der Ort durch den Deutschen Orden, der sich Anfang des 13. Jahrhunderts auf der Landzunge niederließ. Diese Landzunge wurde 1897 zu Ehren eines Denkmals von Kaiser Wilhelm I. hoch zu Ross aufgeschüttet und befestigt. Der 31. August 1897 war nicht nur für Rhein und Mosel ein besonderer Tag. Das stolze Reiterstandbild, bestehend aus Kaiser, Pferd und Genius und 14 Meter hoch, wurde auf den 22 Meter hohen Sockel gehoben. Das Denkmal beansprucht seither den Namen Deutsches Eck für sich. Das Monument hatte nicht nur Freunde, trug es doch seine nationalistische Symbolik offen zur Schau. „Steinernes Geklump“, lästerte etwa Kurt Tucholsky 1930.

Am 16. März 1945 war es mit der Herrlichkeit erst einmal vorbei. Rhein und Mosel wurden Zeuge, als Wilhelm I. während der letzten Kriegstage von der amerikanischen Artillerie vom Pferd geschossen wurde. Kopfüber hing er vom Sockel herunter.

Was tun mit dem zerstörten Denkmal? Abreißen und stattdessen ein Friedensdenkmal errichten, das schwebte zumindest der französischen Militärregierung vor. Die Idee scheiterte an fehlenden finanziellen Mitteln. In den Jahren 1946 und 1947 ließen die Franzosen das Reiterstandbild demontieren. Das noch vorhandene Kupfer wurde bei zwei Koblenzer Firmen eingelagert und dann nie mehr gesehen, zumindest nicht in dem Zustand, in dem es übergeben worden war. Gerüchte vom längsten Denkmal der Welt machten die Runde, wurde doch vermutet, dass das wertvolle Kupfer zu Draht verarbeitet worden war, der dann beim Bau der Straßenbahn Verwendung fand. Dieses Schicksal blieb dem Kopf des Kaisers erspart. Er befindet sich im Besitz des Mittelrheinmuseums.

Für den Sockel gab es in den Folgejahren mehrere Nutzungsvorschläge, alle unter der Voraussetzung, dass Kaiser Wilhelm I. nicht mehr auf ihm thronen sollte. Die Errichtung eines Kreuzes

Kaiser Wilhelm I. hoch zu Ross hat Rhein und Mosel stets im Blick.

wurde gleich zwei Mal erwogen, ein Ideenwettbewerb ausgelobt. Geschehen ist allerdings nichts, was bedeutete, dass der Zustand des Sockels, der mittlerweile in den Besitz des Landes Rheinland-Pfalz als Rechtsnachfolger von Preußen übergegangen war, sich immer weiter verschlechterte. 1951 musste der Rest des einst mächtigen Denkmals gesperrt werden, weil sich auf den Stufen mehrere Unfälle ereignet hatten. Ein Jahr darauf wurde der Sockel instandgesetzt und die Frage, was man denn nun mit ihm anfangen solle, wieder akut. Die Antwort lieferte Bundespräsident Theodor Heuss am 18. Mai 1953. Er erklärte den Sockel zum Mahnmal der Deutschen Einheit und schmückte ihn mit einer im Wind wehenden schwarz-rot-goldenen Bundesflagge.

Kein Grund für die Koblenzer, ihre leidenschaftlichen Diskussionen über eine andere Gestaltung des Deutschen Ecks einzustellen. Auch für den damaligen Oberbürgermeister Josef Schnorbach war klar, dass die gehisste Fahne nur eine Übergangslösung sein konnte. Aber wie das so ist mit Provisorien. In vielen Fällen haben sie erstaunlich lange Bestand.

Bewegung kam in die Angelegenheit, als sich Dr. Werner Theisen, ehemaliger Geschäftsführer des Mittelrhein-Verlages, gemeinsam mit seiner Frau Anneliese am 14.11.1987 notariell verpflichtete, die Rekonstruktion des Reiterstandbildes des Kaisers aus eigener Tasche zu bezahlen. Damit trafen sie bei den meisten Koblenzern einen Nerv. Eine überwältigende Mehrheit der Bevölkerung wollte den alten Kaiser Willem wieder auf dem Eck sehen. Allerdings wehrte sich das Land als Eigentümer, getreu dem Motto „geschenkt ist noch zu teuer“, mit Händen und Füßen gegen die Idee, sollten doch die 2,5 Millionen Mark für die Instandsetzung des Sockels aus dem Landeshaushalt fließen. Außerdem, so lautete die Argumentation, widersprächen die Pläne dem Charakter des Denkmals als Mahnmal der Deutschen Einheit.

Davon unbeeindruckt, beauftragten die Theisens, unterstützt von einer Bürgerinitiative, im Februar 1989 Raimund Kittl, einen Düsseldorfer Metallbildhauer, das Denkmal zu rekonstruieren. Das Vorhaben rief selbstverständlich Gegner auf den Plan. Der Kaiserkult war für sie aus der Zeit gefallen, außerdem verurteilten sie die Rolle, die Wilhlem I. bei der Niederschlagung der Revolutionen in Baden und in der Pfalz gespielt hatte. Die Befürworter hielten dagegen, dass die Wiedererrichtung den Tourismus ankurbeln und das Stadtbild positiv verändern würde.

Mit der Wiedervereinigung Deutschlands 1990 verlor der Sockel seine Aufgabe als Mahnmal der Deutschen Einheit. Der christdemokratische Ministerpräsident Carl Ludwig Wagner nahm deshalb das Geschenk des Ehepaares Theisen vertraglich an.

1991 wurde Rudolf Scharping rheinland-pfälzischer Landesvater. Der hätte auf die großzügige Gabe der Theisens wunderbar verzichten können. Ein Sozialdemokrat, der einen Kaiser zurück auf sein Pferd hebt? Unmöglich!

Die Theisens verklagten schließlich das Land Rheinland-Pfalz, um die Erfüllung der Schenkung zu erzwingen. Zu einem Gerichtstermin kam es nicht, das Land zog sich schließlich im Mai 1992 mit der Schenkung der Landzunge an die Stadt Koblenz aus der Affäre. Der Stadtrat nahm das Präsent im Juni an, da war das Denkmal allerdings schon per Schiff in Koblenz angekommen und wartete im Wallersheimer Hafen darauf, wieder auf dem Sockel Platz nehmen zu dürfen. Der musste dummerweise mit viel Aufwand ertüchtigt werden, weil die Bronzeplastik von Kittl mit 69 Tonnen deutlich mehr wiegt als die ursprüngliche Ausführung mit 40 Tonnen. Hierfür mussten noch einmal Spenden generiert werden. Rhein und Mosel dürften sich über das Hin und Her mächtig gewundert haben.

Aber am 2.9.1993 war es endlich so weit. Kaiser, Pferd und Genius schwebten mit Hilfe des Spacelifters, einem gigantischen Gittermastkran, zurück an ihren angestammten Platz. Ausgerechnet am Sedanstag, dem Tag der Kapitulation Frankreichs im Jahre 1870. Dass dahinter Absicht steckte, wurde vehement bestritten.
Egal wie, am 25. September 1993 wurde das Denkmal mit einem Volksfest feierlich eingeweiht. Seither genießen Kaiser, Pferd und Genius als imposante Touristenattraktion die Aufmerksamkeit unzähliger Besucher, begleitet von dem leisen, vielleicht sogar beifälligen Gemurmel von Rhein und Mosel.

Der Daumen - Die Ludwigs und die Liebe zur Kunst

Ein Spaziergang zum Deutschen Eck und ein Blick auf Vater Rhein, Mutter Mosel und das mächtige Reiterstandbild Wilhelms I. ist natürlich immer eine gute Idee. Aber auch im Rücken von Kaiser, Pferd und Genius lohnt es sich, genau hinzuschauen. Folgt man hinter dem Denkmal dem Weg durch den Torbogen zum Deutschherrenhaus, läuft man direkt auf einen Daumen zu – zugegeben einen recht großen Daumen. Er steht dort nicht von ungefähr, sondern im Skulpturengarten des Ludwig-Museums Koblenz, das seinen Namen seinem Gründer, Peter Ludwig, verdankt.
Peter Ludwig, am 9. Juli 1925 als waschechter Schängel geboren, studierte Jura und Kunstgeschichte in Mainz. 1950 erhielt er für seine Dissertation zum Thema „Das Menschenbild Picassos als Ausdruck eines generationsmäßig bedingten Lebensge-

fühls“ die Doktorwürde. Peter Ludwig studierte nicht nur, er verliebte sich auch. In seine Kommilitonin Irene Monheim, Tochter von Franz Monheim, einem Schokoladenhersteller aus Aachen, der unter anderem einen in Goldfolie gewickelten Schokohasen produzierte. Ganz genau, das ist der mit dem Glöckchen um den Hals. Die Leonhard Monheim AG stellte die Schokoladenwaren von 1935 bis 1988 in Lizenz her.

1951 heiratete Peter Ludwig seine Irene und stieg in den Betrieb des Schwiegervaters ein. Die Ludwigs verdienten gut mit dem Verkauf der Dinge, die das Leben ein wenig süßer machen.

Seit 1957 widmete sich das Ehepaar verstärkt seiner Liebe zur Kunst. Sie schufen eine bedeutende Sammlung mit über 14 000 Kunstgegenständen und machten sie der Öffentlichkeit zugänglich. Zwölf Museen auf der ganzen Welt wurden von den beiden in der Zeit von 1976 bis 1996, in diesem Jahr starb Peter Ludwig, gegründet. Diese befinden sich unter anderem in Aachen, Köln, Basel, Budapest, Peking, Sankt Petersburg und Wien. Und seit 1992 eben auch in Koblenz, Peter Ludwigs Heimatstadt, die ihn 1986 zu ihrem Ehrenbürger machte. Sein Augenmerk lag hierbei vor allem auf der Geschichte, die Koblenz und Frankreich miteinander verband. Bereits bei der Eröffnung des Museums spielte daher Le Pouce/Der Daumen eine wichtige Rolle. Sein Schöpfer, der französische Bildhauer César Baldaccini (1921–1998), reproduzierte hierbei bis ins kleinste Detail seinen eigenen Daumen. Er wurde mehrmals in unterschiedlichen Größen in Bronze gegossen. Ein zwölf Meter hohes Exemplar kann man in Paris bewundern, ein sechs Meter hoher Daumen steht in Seoul. Das Original aus dem Jahr 1965 ist lediglich 41 Zentimeter groß und aus Polyester, orangerotem Polyester. César beteiligte sich mit dieser Arbeit auf Wunsch seines Galeristen an einer Ausstellung zum Thema „Hand“. Der Koblenzer Daumen wurde Anfang der 1970er-Jahre gegossen, berichtet Thomas Rinck, Verwaltungsleiter des Ludwig-Museums. Die Bronzeplastik ist zirka 400 Kilogramm schwer, 2,50 Meter groß und innen hohl. Sie bereicherte als Leihgabe von September 1992 bis März 1993 die Eröffnungsausstellung des Ludwig-Museums in Koblenz, die unter dem Thema „Atelier de France" stand. Das Kunstwerk wurde auf dem Rasen aufgestellt und diente als Wegweiser zur zeitgenössischen modernen Kunst, für die die Museen des Ehepaares Ludwig bekannt sind. César war übrigens bei der feierlichen Einweihung anwesend.

Nachdem die Eröffnungsausstellung beendet war, ging es für das Kunstwerk zunächst nach Köln, aber bereits 1995 fand es

Der Daumen wird vorsichtig an seinen Platz geschoben.

als Dauerleihgabe den Weg zurück nach Koblenz. Ein fester Platz wurde gesucht und auf der gepflasterten Fläche auf der Westseite des Museums gefunden. Thomas Elzer, damals als Hausmeister im Ludwig- und Mittelrheinmuseum und im Haus Metternich beschäftigt, erinnert sich ganz genau an den Tag, an dem der Daumen aufgestellt wurde. Für solch gewichtige Kunst braucht es einen genauen Plan. Zunächst wurde ein etwa ein Meter tiefes Loch für das Fundament ausgehoben, dieses wurde dann um einen Zapfen in der Mitte, auf den die Bronzeplastik aufgesetzt werden sollte, ausgegossen. Die Technik erinnert ein wenig an das Verfahren beim Zahnarzt, wenn dieser eine Krone einsetzt. Menschen, die diese Prozedur bereits über sich ergehen haben lassen, wissen, wovon die Rede ist.
Nachdem der Untergrund getrocknet und ausgehärtet war, wurde der Daumen, sorgfältig eingepackt in schützendes Styropor, von einer Spedition angeliefert und dann zu seinem Standort geschoben. Vier Leute waren nötig, um das Kunstwerk auf seinem Weg über die unebenen Steine zu sichern, erzählt Thomas Elzer. Mittels eines Gabelstaplers wurde es auf das Fundament und über den Zapfen gefahren. Präzisionsarbeit war gefragt, denn nur wenn alles auf den Punkt passt, steht das Kunstwerk fest und sicher. Es habe schon beim ersten Mal perfekt geklappt, erinnert sich Thomas Elzer, der diesen Einsatz nie vergessen wird.
Seitdem haben sich unzählige Menschen allein, zu zweit, in Gruppen, vor und neben Césars Daumen fotografieren lassen. Besonders im Sommer ist dort ständig Betrieb, weiß Thomas Rinck zu berichten. Nach dem Tod von Irene Ludwig im Jahre 2010 ging der Daumen übrigens als Schenkung in den Besitz des Koblenzer Ludwig-Museums über. Merci, Peter und Irene Ludwig, und Daumen hoch für dieses besondere Kunstwerk!

Kleiner Weinberg, große Tropfen

„Die Deutschen lieben Rheinwein. Er wird in schlanke Flaschen gefüllt und für ein gutes Getränk gehalten. Von Essig unterscheidet er sich durch das Etikett.“

Mark Twain

Mark Twain war mit Sicherheit ein großer Schriftsteller, aber das oben stehende Zitat belegt vor allen Dingen eines: Dass auch weltberühmte Literaten irren können. Der Beweis ist schnell angetreten. Und zwar mit etwas, das noch nicht einmal groß und riesig daherkommt, sondern ganz im Gegenteil im Kleinen beeindruckt. Das Kleinod findet sich in Koblenz in der südlichen Vorstadt hinter dem Weindorf. Das wiederum liegt direkt an den Rheinanlagen und in unmittelbarer Nähe zur Pfaffendorfer Brücke.

Ursprünglich wurde das Weindorf im Jahre 1925 anlässlich der „Reichsausstellung Deutscher Wein“ erbaut. Schon die Römer betrieben vor über 2000 Jahren in ihrem Castellum apud Confluentes, also am Zusammenfluss von Rhein und Mosel, Weinbau. Von daher kann mit Fug und Recht behauptet werden, dass Koblenz und der Wein seit Jahrtausenden innigst miteinander verbunden sind. Koblenz ohne Wein ist im Grunde undenkbar. Leider wurde das Weindorf, das zum Zeitpunkt seiner Erbauung den Menschen die Atmosphäre eines typischen Winzerdorfes näherbringen sollte, im Zweiten Weltkrieg bei einem Luftangriff komplett zerstört.

Aber zurück zum Kleinod: Der Wiederaufbau des Weindorfes, in einer kleineren Ausführung als 1925, erfolgte 1951. Aus dieser Zeit stammt auch der dahinter liegende Mini-Weinberg, der seinerzeit auf Initiative des damaligen Oberbürgermeisters Josef

Schnorbach angelegt wurde. Zu seinen Ehren wurde das gerade einmal 1500 Quadratmeter große Fleckchen Erde auf den Namen Koblenzer Schnorbach-Brückstück getauft. Der Name wurde wegen der direkten Nachbarschaft zur Pfaffendorfer Brücke gewählt, deren Unterbauten bis in den Bereich des kleinen Weinbergs reichen. Deshalb musste die Fläche aufgefüllt werden. Seit 1973, dem Jahr, in dem die Weinlage Schnorbach-Brückstück beim rheinland-pfälzischen Ministerium für Landwirtschaft, Weinbau und Umweltschutz registriert wurde, darf es sich stolz mit der Bezeichnung „Deutschlands kleinste eingetragene Einzellage" schmücken.

750 Rebstöcke wachsen dort unter der fachkundigen Betreuung von Karsten Lunnebach, einem Mann, der den Weinbau mit Leib, Seele und Leidenschaft betreibt, ein Winzer durch und durch. Karsten Lunnebach führt sein eigenes Weingut, auf dem er in Koblenz-Güls Weinberge von fast acht Hektar bewirtschaftet, mittlerweile schon in der vierten Generation. Gegründet wurde der Betrieb 1907 durch den Ackerer Peter Josef Lunnebach. Heute würde man ihn Landwirt nennen. Nun könnte man denken, dass damit der berufliche Weg von Karsten Lunnebach vorgezeichnet war und ihn ohne Umweg in die (groß)elterlichen Weinberge geführt hätte. Weit gefehlt. Erst absolvierte er eine Ausbildung zum Groß- und Außenhandelskaufmann und arbeitete auch drei Jahre in diesem Beruf.

Aber schließlich siegte die Liebe zum Wein. In den Jahren 1995–1997 absolvierte Karsten Lunnebach eine Ausbildung zum Winzer. Seither leitet er das Weingut und hat die Rückkehr in den elterlichen Betrieb, so sagt er, nie bereut. Das glaubt man ihm sofort, wenn man ihn von seinem Beruf schwärmen hört. In diesem Moment bekommt der Begriff „weinselig" eine völlig neue Bedeutung.

Karsten Lunnebach bei einer seiner Lieblingsbeschäftigungen, der Arbeit im Weinberg.

Bei der Einzellage Schnorbach-Brückstück handelt es sich um die einzige Innenstadt-Weinlage von Koblenz. Sie zu bewirtschaften macht durchaus ein wenig Arbeit. Spaß macht es trotzdem und, der Lage Schnorbach-Brückstück sei Dank, ist Lunnebach der einzige Winzer, der in der Stadt am Deutschen Eck Weine aus Lagen an Rhein und Mosel produziert. Die bereits erwähnten 750 Rebstöcke liefern ungefähr einen Ertrag von 1500 Litern Wein im Jahr. Das sind zirka 2000 Flaschen Weißburgunder, nicht etwa, wie man vermuten könnte, den für die Gegend typischen und damit vorherrschenden Riesling. Er besitzt ein würziges Bouquet, ist gehaltvoll im Geschmack und körperreich. Durch die gezielte Bearbeitung des Bodens, es wird gemulcht, mit Grubbern und Eggen gearbeitet, wird jede zweite Rebzeile frei von Beikräutern gehalten. Das macht den Einsatz von Un-

krautbekämpfungsmitteln überflüssig. Nachhaltiges Wirtschaften ist eine weitere Überzeugung, die in Lunnebachs Betrieb gelebt wird, in Weingläser gegossen und genossen werden kann. Was passt hierzu besser als das Zitat eines anderen weltberühmten Literaten, Kurt Tucholsky: „Schade, dass man einen Wein nicht streicheln kann."
Auf unser aller Wohl!

Genuss in R(h)einkultur - Operettenfestspiele auf der Rheinlache

Von 1950 bis 1970 kamen Operettenliebhaber in den Genuss eines besonderen Leckerbissens. Während dieser Zeit wurde alljährlich im Sommer auf der Rheinlache, einem alten Rheinarm, der die Grenze zwischen der Südlichen Vorstadt und dem Oberwerth bildet, eine schwimmende Bühne aufgebaut und vom Ensemble des Stadttheaters bespielt. Koblenz startete mit den Aufführungen auf dem Wasser fast zur gleichen Zeit wie Bregenz in Österreich, das heute noch über die größte Seebühne der Welt verfügt. Vorausgegangen waren hitzige Diskussionen im Stadtrat, denn nicht alle Ratsmitglieder waren sofort Feuer und Flamme für die Idee. Insbesondere die Kosten, die mit 90 000 DM zu Buche schlugen, stimmten etliche Stadtväter skeptisch. Trotzdem wurde in der Stadtratssitzung am 3. Mai 1950 beschlossen, die Operettenfestspiele unter freiem Himmel auf dem Rhein zu veranstalten.
Vor allen Dingen Wilhelm Trieb, seinerzeit Beigeordneter und Koblenzer Verkehrsdezernent, machte sich dafür stark, ein neues musikalisches Format zu wagen. Dabei scheute er sogar den

Vergleich mit Salzburg und Oberammergau nicht: „(…) Was uns fehlt, ist die zugkräftige Veranstaltung, die für Koblenz eine alljährlich wiederkehrende sein soll und vor allem eine für Koblenz charakteristische. Was passt zu Koblenz besser, an den Rhein, an die Mosel mit ihren lieblichen und spritzigen Weinen, in diese lebensbejahende heitere Landschaft, was passt besser als die Operette? Lassen wir Oberammergau sein Passionsspiel, Salzburg seine festliche Musik, Trier seine Mysterienspiele, wir wollen in Koblenz im Sommer die Operette pflegen!“, so seine klare Botschaft. Zählbarer Erfolg der engagierten Rede: Bei nur einer Gegenstimme und zwei Enthaltungen stimmten 21 Ratsmitglieder für den Vorschlag.

Für die Premiere, die am 2. Juli 1950 die ersten Besucher anlockte, nutzte man noch eine außer Dienst gestellte Autofähre als Bühne. Gegeben wurden in der ersten Spielzeit „Eine Nacht in Venedig“ von Johann Strauss und an vier Nachmittagen „Herz über Bord“ von Eduard Künneke. Das Publikum musste übrigens zu keiner Zeit die schwankenden Bohlen betreten. Es konnte Musik, Gesang und Schauspiel komfortabel von einer Tribüne am Ufer aus genießen. Die Inszenierungen der komischen Strauss`schen Operette voller Verwechselungen und des turbulenten Singspiels aus der Feder Künnekes rund um eine Scheinehe, die zur Erbschaft verhelfen sollte, kamen bei den Zuschauern ausgesprochen gut an.

Der Erfolg verlangte natürlich nach einer Fortsetzung. Ein Jahr später hatte die ausrangierte Autofähre endgültig ausgedient. Sie wurde durch eine schwimmende Bühne aus Holz ersetzt. Die Bretter, die die Welt bedeuten, waren frei drehbar, damals in Europa einzigartig. Die verbesserten Rahmenbedingungen schafften Raum für opulente Bühnenbilder. Die Macher verstanden es außerdem, die Zuschauer mit aufwendigen Kostümen

Ein Plakat auf Niederländisch macht Werbung für die Operette „Schwarzwaldmädel" von Léon Jessel.

zu verzaubern. Die kontinuierlich erweiterten, inzwischen betonuntermauerten Tribünen boten Sitzplätze für 4500 Menschen. Nicht selten standen die Musikbegeisterten jedoch auch noch in den Zwischengängen, sodass bei vielen Aufführungen eine Besucherzahl von 5000 an einem einzigen Abend erreicht wurde. 1951 gab sich mit „Indigo und die vierzig Räuber – Märchen aus 1001 Nacht" die erste von Johann Strauss komponierte Operet-

te die Ehre. Bei den Aufführungen wollten tausende von Theaterbesuchern dabei sein. Die Festspiele auf dem Rhein zogen immer mehr Musikliebhaber in ihren Bann. 1952 steigerte sich mit den Zuschauern, die zu der Operette „Im Weißen Rössl“ von Ralph Benatzky strömten, die Anzahl der Besucher abermals. Die Darbietungen mauserten sich zum Publikumsmagneten.
In den Folgejahren kamen Operettenfreunde aus der ganzen Welt, um die besondere Atmosphäre einer warmen Sommernacht in der Rheinlache, begleitet von heiterer Musik, zu erleben. Aufgeführt wurden unter anderem „Der Zigeunerbaron“ von Johann Strauss und „Der Bettelstudent“ von Carl Millöcker. Für die Mitarbeiter des Stadttheaters hatten die Festspiele auf dem Rhein übrigens einen handfesten Vorteil. Sie standen den Sommer über in Lohn und Brot und waren nicht auf Sozialleistungen angewiesen. Es gab sogar Werbung auf Niederländisch für das „Operettenspel op de Rhijn“. Für fünf Deutsche Mark konnte man auf der „Voortribune midde“, für jeweils eine Mark weniger auf den Rängen eins bis drei Platz nehmen. „Alles genummerte zitplaatsen“, verkündete das Plakat, das 1954 mit drei jungen Damen in typischer Tracht für die Operette „Schwarzwaldmädel” warb.
Durch die Bekanntheit, die die Festspiele erlangt hatten, konnten berühmte Sängerinnen und Sänger verpflichtet werden. 1964 standen Rudolf Schock und Margit Schramm in „Die lustige Witwe“ von Franz Léhar auf der schwimmenden Bühne.
Getreu dem Motto „des einen Freud’, des anderen Leid“ hatten auch die Operettenfestspiele nicht nur Freunde, denn eines hatten die Veranstalter nicht bedacht: Dass die Veranstaltung den Anwohnern einiges abverlangen würde. Zum einen freuten sich beileibe nicht alle über die Operettenklänge und das kraftvolle Spiel des Orchesters, zum anderen waren viele von dem Verkehrschaos vor und nach den Aufführungen, den fehlenden

Parkplätzen und zugeparkten Einfahrten einfach nur genervt. Bereits 1953 gründete sich die „Vereinigung zur Bekämpfung des Lärms anlässlich der Operetten-Festspiele". Die Stadt Koblenz wurde wegen Lärmbelästigung verklagt. Außerdem befürchteten die Anrainer den Wertverlust ihres Eigentums. Die rechtliche Auseinandersetzung endete im Juli 1969 vor dem Bundesgerichtshof, der die Aufführungen ab 1970 untersagte. So gab es im letzten Jahr zwar noch einmal „Die lustige Witwe" zu sehen, aber manchem auf der Bühne und im Publikum dürfte es schwer ums Herz gewesen sein. Die Operettenfestspiele auf dem Rhein fanden ihr trauriges Ende gemäß der Verfügung des Gerichts, die auch den Abriss der Tribüne einschloss. Aus Kostengründen ließ der komplette Abbau aber bis 1978 auf sich warten. Der frei gewordene Bereich wurde bepflanzt.
Heute ist die Rheinlache ein eher stiller Ort. Aber manchmal, während eines Spaziergangs an einem lauen Sommerabend, glaubt man, sie immer noch zu hören, die beschwingten Operettenklänge lange vergangener Zeiten.

Schöne Aussicht vom Balkon - Der Asterstein

Lust auf einen beeindruckenden Blick von der rechten Rheinseite auf den Fluss und seine Promenade? Kein Problem, dafür braucht es nur einen Ausflug auf den Asterstein, oberhalb der Pfaffendorfer Brücke zwischen Pfaffendorf und Arzheim gelegen. Der Asterstein ist der jüngste Stadtteil von Koblenz. Erst in einer Sitzung am 22. Oktober 1981 beschloss der Koblenzer Stadtrat, ihm offiziell diesen Namen zu geben.

Lange Zeit war das Gebiet praktisch unbewohnt und gehörte zu Ehrenbreitstein, Pfaffendorf und Arzheim. Nach dem Zweiten Weltkrieg wurde die Fläche zunehmend zu Wohnzwecken genutzt. Nach und nach bürgerte sich für die Wohngebiete die Bezeichnung Asterstein ein. Der Name geht zurück auf das einst zur Festung Koblenz gehörende Fort Asterstein. Aster war ein preußischer General, mit dessen Leistungen der preußische König so zufrieden war, dass er 1847 das Fort nach ihm benannte.

Den grandiosen Ausblick kann man natürlich auch ohne den geschichtlichen Hintergrund genießen. Beginnt man den Spaziergang in der Rudolf-Breitscheid-Straße, kann man sich auf breite ebene Wege freuen, die auch mit Kinderwagen, Rollstuhl oder Rollator leicht zu bewältigen sind. Geht man von dort aus in nördlicher Richtung, gelangt man automatisch zu einer langgezogenen Brüstung, dem sogenannten Astersteiner Balkon. Der Blick fällt auf die gegenüberliegende Flussseite Richtung

Herrlich entspannt: Picknick beim Obelisken auf dem Asterstein mit Blick auf die andere Rheinseite.

Innenstadt und wird fast magisch vom Kurfürstlichen Schloss und der Treppenanlage zum Rhein hin angezogen. Schweifen die Augen nach Süden, sieht man die Pfaffendorfer Brücke, die Vorstadt und die Karthause mit Fort Konstantin, dahinter beginnen die Hunsrückhöhen, vom Kühkopf aus grüßt der Fernmeldeturm. Gen Norden schaut man auf das Pegelhaus, das Preußische Regierungsgebäude und auf die Talstation der Seilbahn, mit der man über den Rhein zur Festung Ehrenbreitstein gondeln kann. Das Reiterdenkmal am Deutschen Eck ahnt man mehr, als dass man es sieht.
Bei klarem Wetter blickt man kilometerweit in die Eifel. Wenn es gelingt, sich von dem Anblick loszureißen, erreicht man nach wenigen Schritte weiter nördlich einen weiteren Aussichtspunkt an einem Obelisken, einem preußischen Kriegerdenkmal, das 1869 errichtet wurde. Auf den Treppenstufen davor kann man gemütlich im Sitzen den Blick auf das Schloss genießen und vielleicht auch ein mitgebrachtes Picknick. Wenn man möchte, kann man in den anschließenden Grünanlagen, die zu Fort Asterstein führen, das aktuell renoviert wird, weiter entspannt spazieren gehen.
Wer auf dem Weg zur schönen Aussicht eine sportliche Herausforderung sucht, nähert sich dem Astersteiner Balkon und dem Obelisken über die Teufelstreppe. Die ungefähr 220 Stufen der Teufelstreppe sind der kürzeste Weg von Pfaffendorf auf den Asterstein. Sie gehörte einst zur preußischen Festung Koblenz. Wer über die nötige Trittsicherheit verfügt, vergisst bei der anstrengenden Kletterei rasch, wie viele Stufen er schon hinter sich gebracht hat. Ist der Aufstieg erst einmal geschafft, hat man genug für seine Fitness getan und sich ein entspanntes Spazieren auf flachen Wegen mit einem außergewöhnlich schönen Panorama wahrlich verdient.

Fort Konstantin – Die schönste Terrasse von Koblenz

Wohl dem, der nicht nur einen tollen Balkon auf dem Asterstein, sondern auch noch eine wunderbare Terrasse samt grandiosem Blick auf die Stadt zu bieten hat. Diese liegt auf der linken Rheinseite, ist vom Altersteiner Balkon aus gut zu erkennen. Die, wie viele sagen, schönste Terrasse von Koblenz befindet sich oberhalb des Hauptbahnhofes auf Fort Konstantin. Seinen Namen verdankt die Befestigungsanlage Konstantin Pavlovich, dem Bruder des russischen Zaren Alexander I. Vor der militärischen Nutzung befand sich der Bereich im Besitz eines Klosters. Der preußische Staat kaufte das Areal im Jahr 1818 und riss die übrig gebliebene Bebauung aus der Klosterzeit ab, unter anderem das Waschhaus und die Küche. Der Neubau zur Festungsanlage erfolgte 1822 bis 1827. Auf dem Fort waren bis zum Ende des Ersten Weltkriegs verschiedene Einheiten untergebracht, zum Beispiel die Musiker des 4. Garde-Grenadierregiments Augusta.

Nach dem verlorenen Ersten Weltkrieg blieb das Fort zwar weitgehend erhalten, wurde aber 1921/1922 entfestigt, also für eine weitere militärische Nutzung unbrauchbar gemacht. In den Kriegsjahren 1943/1944 entstand auf der Fläche ein Bunker. Nach Ende des Zweiten Weltkriegs wohnten in den Kasematten bis in die Mitte der 1960er-Jahre ausgebombte Familien. Als diese ausgezogen waren, verfielen die Gebäude mehr und mehr, der Vandalismus nahm zu, sogar Brände wurden gelegt. Um dies zu verhindern, wurde das Tor zugemauert, was den weiteren Verfall der Festungsanlage nicht stoppte.

Im August 1993 suchten engagierte Koblenzer, die eine Initiative zur Rettung und Erneuerung des Forts gründen wollten, per Zei-

Abendstimmung bei einer Veranstaltung auf der schönsten Terrasse von Koblenz.

tungsartikel Mitstreiter, um Fort Konstantin wieder der Öffentlichkeit zugänglich zu machen. Und das schon am Tag des Offenen Denkmals am 12. September 1993 – ein wahrlich ehrgeiziges Unterfangen, auch wenn der Kehlturm des Forts bereits durch die Stadt teilsaniert worden war. In diesem Rahmen hatte man auch für die Sicherheit der Statik Sorge getragen. Nichtsdestotrotz präsentierte sich der Kehlturm immer noch als Baustelle. Die Initiatoren wünschten sich, dass die gesamte Anlage betrachtet und auch im Ganzen genutzt werden sollte. Am 19. August fanden vier Interessierte zueinander, von denen zwei den Zeitungsartikel auf den Weg gebracht hatten. Das konnte man nicht gerade als sensationellen Ansturm bezeichnen! Trotz des eher geringen Echos machten sie sich tapfer an die Arbeit – samstags, in ihrer Freizeit. Mithilfe weiterer Unterstützer schafften sie es, die Innenräume im Erd- und Obergeschoss des Kehlturms herzurichten. Etliche Besucher nutzten am Tag des Offenen Denkmals, der am 12. September 1993 in Deutschland zum ersten Mal stattfand, die Gelegenheit, einen Blick in das lange unzugänglich gewesene Fort zu werfen. Am selben Tag wurde der Verein „Pro Konstantin“ gegründet. Auch die

Presse hatte sich sehen lassen und berichtete über den neu gegründeten Verein, einen Hinweis auf die offizielle Gründungsversammlung am 22.9.1993 eingeschlossen, die bereits stolze 24 Teilnehmer zählte. Eine Satzung wurde beschlossen und ein Vorstand gewählt.

Seitdem wurde in ungezählten ehrenamtlichen Stunden unglaublich viel Arbeit in die Ertüchtigung des Forts gesteckt. Obwohl nur noch wenige Reste vorhanden waren, rekonstruierte man das Haupttor nach dem Vorbild aus preußischer Zeit, Türen und Fenster wurden erneuert, Mauerkronen saniert, eine LED-Beleuchtung an der Ostfassade installiert, Dielenböden nach preußischem Vorbild verlegt und, und, und. Bei Bedarf wurden Handwerksfirmen beauftragt, auch Zuschüsse sind geflossen.

Ein Betreten der Gesamtanlage ist seit Jahren dank der umfangreichen Sanierungsarbeiten wieder gefahrlos möglich. Das Fort wird heute vielfältig genutzt. Unter freiem Himmel und in den Innenräumen finden Konzerte und Theateraufführungen statt und auf der schönsten Terrasse von Koblenz werden Weinfeste veranstaltet, von der Bevölkerung gerne angenommen. Es ist einfach herrlich, in Begleitung von lieben Freunden und einem Glas Wein an einer der Mauern zu stehen und auf Koblenz zu blicken, das dem Fort zu Füßen liegt. Natürlich nimmt der Verein auch weiter am Tag des Offenen Denkmals teil. Man kann Fort Konstantin für Geburtstagsfeiern, Hochzeiten, Betriebsfeste und für alles, was es sonst zu feiern gibt, mieten. Das alles, weil vier Unerschrockene sich daran machten ein Denkmal wieder zum Leben zu erwecken und viele fürs Mitmachen begeistert haben. Kompliment an jeden Einzelnen, der an der Gestaltung der schönsten Terrasse von Koblenz beteiligt war und Danke für den langen Atem!

Hitlers Tagebücher in Koblenz – Sternstunden fürs Bundesarchiv

Man schreibt den 25. April 1983. Ein Montag, an dem die ganze Welt den Atem anhält. Eine Sensation liegt in der Luft. Die Redaktion des Nachrichtenmagazins Stern hat zur Pressekonferenz in ihr Hamburger Verlagshaus Gruner & Jahr geladen. „Hitlers Tagebücher entdeckt“ titelt die Wochenzeitschrift auf ihrer neuesten Ausgabe. Die Chefs persönlich treten vor die in Scharen angereiste internationale Presse und präsentieren zwölf schwarze Kladden, bei denen es sich um die Tagebücher von Adolf Hitler handeln soll.

Das Bild, auf dem sich Gerd Heidemann, der Starredakteur des Stern, mit einem der vermeintlichen Tagebücher in der Hand fotografieren lässt, geht um den gesamten Erdball. Bei dem Versuch, die besten Plätze zu ergattern, um das Ungeheuerliche für immer festzuhalten, kommt es unter den über 200 Reportern und mehr als zwei Dutzend Fernsehteams zu tumultartigen Szenen.

Aus dem Hintergrund beobachtet ein junger Archivar das wüste Geschubse. Dr. Josef Henke ist im Bundesarchiv Koblenz als Referatsleiter für Schrift- und Druckgut NSDAP zuständig. An die Pressekonferenz und die Ereignisse danach erinnert er sich, mittlerweile Archivdirektor im Ruhestand, ganz genau. Auch an das mulmige Gefühl, das ihn seinerzeit beschlich. Bereits im Frühling 1982 hatten zwei Reporter des Stern Josef Henke Schriftproben vorgelegt, die angeblich von Adolf Hitler persönlich gefertigt worden sein sollen. Für Josef Henke normaler Arbeitsalltag. Die beiden Journalisten gaben vor, an einer Geschichte über Hitlers Stellvertreter Rudolf Hess zu arbeiten. Von irgendwelchen Tagebüchern war nie die Rede.

Als diese nun stolz der Öffentlichkeit vorgestellt werden, wird Henke, der von seinem Chef die Order hatte, dafür zu sorgen, dass das Bundesarchiv nicht in die Angelegenheit verstrickt wird, schlagartig klar: Das kann die Medienwelt aus den Angeln heben. Er sollte Recht behalten. Wobei der promovierte Historiker von Anfang an Zweifel an der Echtheit der Bücher hegte. Sofort nach der sensationellen Verkündung fordert das Bundesarchiv Koblenz den Stern auf, der Behörde mehrere Tagebücher zu überlassen. Das Magazin ist einverstanden und Josef Henke reist mit drei Kladden im Zug zurück nach Koblenz. Natürlich nicht ohne von den Machern des Stern aufgefordert zu werden, die wertvolle Fracht zu hüten wie seinen Augapfel. Immerhin hat der Verlag die stolze Summe von 600 000 D-Mark für die drei

Dr. Josef Henke entlarvte 1983 die angeblichen Hitler-Tagebücher als plumpe Fälschung.

Hefte hingeblättert. Zu gerne hätte der Mitarbeiter des Bundesarchivs auf der Fahrt einen Blick riskiert, gesteht er, aber sein Auftrag steht unter der Überschrift „streng geheim“. Er muss seine Neugier beherrschen.

Zurück in Koblenz geht es ans Eingemachte. Zunächst werden die Bundesanstalt für Materialprüfung in Berlin und das Bundeskriminalamt gebeten, die Seiten, auf denen Hitler angeblich privateste Dinge festgehalten hat, die Rede ist unter anderem von Mundgeruch und Blähungen, zu prüfen. Und siehe da, unter ultravioletter Bestrahlung zeigt sich beim BKA in Wiesbaden, dass das Papier frühestens in den 1950er-Jahren hergestellt wurde, da es Aufheller enthält, die erst seit dieser Zeit verwendet werden. Ein erster Hinweis darauf, dass etwas faul ist. Weitere Untersuchungen werden veranlasst.

Während diese laufen, überprüfen Josef Henke und sein Kollege Klaus Oldenhage die Dokumente inhaltlich. Henke übernimmt die Zeit vor 1939, kurz bevor der Zweite Weltkrieg ausbricht. Dieser Zeitraum ist Thema seiner Doktorarbeit. Er behandelt darin „Hitlers Außenpolitik gegenüber England“. Im Koblenzer Bundesarchiv beschäftigt er sich intensiv mit Quellen aus der Zeit des Dritten Reiches und der NSDAP, die er archiviert, beurteilt und für Forschungszwecke verfügbar macht. Seine genauen Kenntnisse über die Gräuel der NS-Verbrechen führen den anerkannten Spezialisten sogar als Gutachter nach Kanada, in die USA, Australien und Israel, wo er in Prozessen gegen Kriegsverbrecher die Echtheit von Beweisdokumenten bestätigt. Wenn es verlangt wird, auch unter Eid.

Die angeblichen Tagebücher des Führers könnten also in keinen besseren Händen liegen.

Je mehr er sich in die Dokumente vertieft, umso größer wird sein Erstaunen. Aber eben nicht, weil darin aufsehenerregende Neuigkeiten zu erfahren sind, sondern Henke genau das Gegenteil auffällt: Alles, was in den Heften steht, ist kein Geheimnis, sondern war in Zeitungen zu lesen. Außerdem kein Wort zu Hitlers Verhandlungen mit England, wie gesagt, Henkes Spezialgebiet. Und warum sind alle Seiten unterschrieben? Sehr seltsam in einem Tagebuch, findet Henke. Zudem, das findet er mehr als merkwürdig, werden Hitlers rassenideologische Verbrechen, wie der Holocaust und die Vernichtungskriege, die er in vielen authentischen Quellen gefordert hat, banalisiert. Als ob man den Führer reinwaschen wollte.

Am 1. Mai 1983 steht für den jungen Historiker und seinen Kollegen Oldenhage fest, dass die Tagebücher nichts anderes sind als eine dreiste Fälschung. Die Koblenzer Archivare erhalten am 3. Mai vier weitere Kladden zur Prüfung. Henke bekommt weitere Mitarbeiter, von denen einer Wolfgang Werner ist. Er findet schließlich heraus, dass die vermeintlichen Tagebücher im Grunde nichts anderes sind als Abschriften aus „Hitler. Reden und Proklamationen 1932–1945“ von Max Domarus oder Artikeln aus dem Völkischen Beobachter, der Parteizeitung der NSDAP.

Da passt es gut, dass die Bundesanstalt für Materialprüfung fast zeitgleich mitteilt, dass der Kleber der Kladden nicht aus den 1930er- und 1940er-Jahren stammt. Der Stern ist einem Betrüger auf den Leim gegangen – zugegeben, einem höchst talentierten. Konrad Kujau, der sechzig Tagebücher gefälscht und für mehr als neun Millionen Mark an das Nachrichtenmagazin verkauft hat, besaß die Fähigkeit, Hitlers Schrift eins zu eins nachzuahmen. Wie heißt es so schön in einem amerikanischen Sprichwort? Was aussieht wie eine Ente, watschelt wie eine Ente und quakt wie eine Ente, das ist wohl eine Ente. Im Fall des Stern eine wohlgenährte Zeitungsente.

Am 6. Mai 1983 gibt es deshalb wieder eine Pressekonferenz.

Diesmal lädt das Bundesarchiv Koblenz ein. Josef Henke wäre dieser Veranstaltung am liebsten ferngeblieben, schließlich liebt er seinen Beruf unter anderem deshalb so sehr, weil er nicht ständig im Mittelpunkt stehen will, sagt er und lächelt.
Die Nachricht, dass es sich bei den angeblichen Hitler-Tagebüchern zweifellos um Fälschungen handelt, verbreitet sich wie ein Lauffeuer rund um den Globus. Der Stern, übrigens bei der Koblenzer Pressekonferenz nicht vertreten, ist bis auf die Knochen blamiert, der Imageschaden gewaltig. Gerd Heidemann, wenige Tage vorher noch gefeiert, muss sich, genau wie Konrad Kujau, vor Gericht verantworten. Beide werden zu Haftstrafen verurteilt, während Josef Henke plötzlich dort steht, wo er nie stehen wollte: im Rampenlicht. Nach wie vor erhält er Anfragen zu seiner Arbeit vor mehr als vierzig Jahren.
Mitte Dezember 2023 übergibt der Bertelsmann-Konzern 52 Kladden an das Bundesarchiv in Koblenz. Genau da gehören sie auch hin.

Ein Labor für Fantasie - Das Theater in Ehrenbreitstein

Wie kann man sich die Reaktionen von Familie und Freunden vorstellen, wenn zwei Menschen auf die Idee kommen, ein eigenes Theater zu gründen? Spärlich geguckt haben sie und die häufigste Frage an Annika Woyda und Gabriel Diaz lautete, nachdem sie ihre Entscheidung kundgetan hatten: „Habt ihr sie noch alle?“ Eventuell nicht, aber in einer Sache waren Woyda und Diaz sich einig. Kunst und Kultur müssen gemacht werden – eine ebenso einfache wie einleuchtende Erklärung. Aus diesem Grund be-

reichern die Schauspielerin und der Regisseur seit 2014 das kulturelle Leben in Ehrenbreitstein und weit darüber hinaus.
Wer sind diese beiden außergewöhnlichen Menschen mit der großen Leidenschaft für ihr kleines Theater, das aus gutem Grund MikroWerkstatt genannt wird, verfügt es doch über lediglich 30 Plätze?
Annika Woyda wollte eigentlich evangelische Theologie studieren, erzählt sie, als Pfarrerin auf der Kanzel stehen und predigen, was eine gewisse Nähe zur Schauspielerei zumindest erahnen lässt. Ihre Freundin wollte tatsächlich Schauspielerin werden. Da dieser aber ein wenig die Traute fehlte, musste Annika Woyda mit ihr üben und merkte dabei, dass sie sehr viel Freude daran hatte, in Rollen zu schlüpfen. Bald folgte ihr erstes Engagement am Stadttheater Itzehoe, wo sie in Jacques Offenbachs Operette „La Périchole" tanzte und im Chor sang. Danach ging sie in die USA, nach Michigan und Chicago, wo sie unter anderem „Peer Gynt" spielte. Weitere Stationen waren das Baltikum und St. Petersburg. Schließlich absolvierte sie die Schauspielausbildung in Hamburg und kam dann 2009 nach Koblenz ins Konradhaus zu einem Vorsprechen. Sie fand die Festung Ehrenbreitstein so schön, lächelt Annika Woyda. Sie bekam die Rolle, spielte auf der Festung und ist geblieben. Dann, sie lächelt wieder, nahm alles seinen Lauf.
Der Weg von Gabriel Diaz nach Ehrenbreitstein war noch ein wenig weiter, denn er ist in Venezuela geboren. Sein Berufswunsch war Schriftsteller und er begann ein Studium der Literatur. Gleichzeitig besuchte er abends eine Theaterschule und entdeckte dort seine Liebe zur Regie, gab die Uni auf und widmete sich zu hundert Prozent dem Theater. Er gewann renommierte Preise, wurde 1997 beim Festival Municipal von Caracas als „Bester Regisseur" geehrt. 2001 erhielt er eine Einladung

nach Deutschland, um eine lateinamerikanische Produktion auf die Bühne zu bringen. Auch Diaz ist geblieben, der Liebe wegen. Er hat hart gearbeitet, auch wenn er noch nicht gut Deutsch konnte. Diaz bezeichnet sich selbst als Dickkopf, tat alles, um im Theater mitarbeiten zu können, unter anderem in Lübeck, Bielefeld, Eisenach und Bern. Ebenso wie Annika Woyda bekam er ein Engagement am Ehrenbreitsteiner Konradhaus. Dort lernten sich die beiden kennen, die Schauspielerin und der Regisseur. Nachdem das Konradhaus seine Pforten geschlossen hatte, wollten sie erst ein mobiles Theater gründen, mit dem man auch leicht in Schulen auftreten könnte. Dann übernahm der Zufall die Regie. In der Ehrenbreitsteiner Kreuzkirche standen Räume frei,

Annika Woyda und Gabriel Diaz in ihrem Element auf der Bühne ihres Theaters in Ehrenbreitstein.

die ihnen angeboten wurden, nebst einem Jugendheim mit einer Bühne und Abstellräumen. Da es in Ehrenbreitstein kein professionelles Theater mehr gab, kam das Publikum in Scharen, erzählt Annika Woyda. Über die Finanzierung hätten sie sich keine Gedanken gemacht, hätten es einfach gewagt. Das ist ohnehin ihr Credo: machen, nicht nur reden, nicht nur träumen, sondern konkret etwas schaffen. Mit allen Risiken, aber auch mit dem schönen Gefühl, eigene Entscheidungen treffen zu können.

2016 spielte wieder der Zufall eine Hauptrolle. Woyda und Diaz wurden die Räume der MikroWerkstatt, einem ehemaligen, unterhalb der Festung gelegenen Kunstatelier angeboten. Wie es ihre Art ist, haben sie sofort zugesagt. Seitdem ist das Theater am Ehrenbreitstein dauerhaft in der Hofstraße zuhause. Die Bühne misst gerade einmal 3 mal 3,20 Meter. Die Fantasie, mit der man die Stücke auf kleinstem Raum inszeniert, ist dafür umso größer. Es wird so lange ausprobiert und neu überlegt, bis alle „Zutaten" passen, nicht selten mehrmals – wie in einem Labor eben.

„Emmas Glück" war die erste große Produktion, die in der MikroWerkstatt gespielt wurde, erzählen die beiden Gründer. Sie fand mitten im Sommer, im Juli, um genau zu sein, statt. Die Vorstellung war ausverkauft, die Temperatur betrug gefühlt um die 40 Grad, was durchaus als schweißtreibend bezeichnet werden kann. Zwei überforderte Ventilatoren konnten keine Abhilfe schaffen. Er habe, erinnert sich Diaz, in einer kleinen Kabine gesessen mit Blick auf eine Dame von der Presse und ihren Freund. Der Schweiß tropfte dem jungen Mann aus dem Hemd. In dem Moment habe er erkannt, so Diaz, dass man daran etwas ändern musste. Annika Woyda schwitzte auf der Bühne als Schweinezüchterin Emma natürlich ebenso. Sie wären so intensiv mit der Produktion beschäftigt gewesen, sagt sie rückblickend, dass für andere Überlegungen kein Platz gewesen wäre.

Natürlich hat sich mittlerweile vieles geändert, es steht eine verbesserte (Klima-)Technik zur Verfügung. Geblieben ist die Nähe des Publikums zu Darstellern und Bühne, was das Theatererlebnis greifbar und berührend macht. Fast glaubt man, im eigenen Wohnzimmer zu sitzen und eine Schauspieltruppe zu Gast zu haben. Als Theaterbesucher gehört man dazu, ist ein Teil des Ganzen. Überhaupt ist es das Familiäre, das das Theater am Ehrenbreitstein von anderen Bühnen unterscheidet. Da kann man den Regisseur vor der Vorstellung draußen vor der Tür treffen und mit ihm ins Gespräch kommen oder Annika Woyda ruft die Theatergänger an, um ihnen zu erzählen, dass es ein neues Stück gibt.
Fast 60 Produktionen haben die beiden bis jetzt miteinander auf ihre eigene Bühne gebracht. Da ist es von Vorteil, dass sie ähnlich ticken. Sie haben ein Gefühl dafür, was die Leute sehen wollen, aber auch dafür, was die Zeit verlangt. Die Stücke sind aktuell, bringen die Menschen oft zum Lachen, manchmal auch zum Weinen und immer zum Nachdenken. Bei der Produktion „Die Puppe" freut sich ein Mann über einen vermeintlich großen Gewinn. Er bekommt eine Puppe, die er testen soll. Die neue Gefährtin soll ihn glücklich machen, körperlich, geistig, seelisch, denkt er zumindest, und ihm den Haushalt führen. Dumm nur, dass die Puppe von einer Wissenschaftlerin, die von ihrem Mann verlassen wurde, programmiert wurde, den kritischen Blick auf alles Männliche eingeschlossen. Das kann natürlich nicht gut gehen, muss doch der „glückliche" Gewinner erkennen, dass man sich auch den Respekt und die Liebe einer Puppe verdienen muss und er nur zufrieden sein kann, wenn sie es auch ist. Solche Vorstellungen sind es, die das kleine, fantasievolle Theater zu dem gemacht haben, was es heute ist: das Herz von Ehrenbreitstein.

Hier haste mal 'ne Mark - Zahlen mit regionaler Währung

Am 1. Januar 2002 geschah Historisches. In der Bundesrepublik Deutschland wurde die Deutsche Mark als Bargeldzahlungsmittel durch den Euro abgelöst, nachdem die Umstellung des Buchgeldes bereits am 1. Januar 1999 stattgefunden hatte. Manch einer trauert seitdem der guten alten D-Mark nach. Aber ist es tatsächlich so, dass man überall nur noch mit Euro bezahlen kann? Nein, ist es nicht.

Um den regionalen Charakter auch im Wirtschaftsleben zu stärken, gab es in einigen Regionen Bestrebungen, eine alternative regionale Währung anzubieten. Nach einigen Jahren der Planung und Recherche wurde auch in Koblenz und Umgebung ein ergänzendes regionales Zahlungsmittel in Umlauf gebracht. Walter Grambusch hat das Projekt mit auf den Weg gebracht. Eine erste große Herausforderung war die Namensfindung, erzählt er, denn es gab in der Region an Rhein und Mosel nichts Typisches, was als Bezeichnung geeignet gewesen wäre. Schließlich einigte man sich auf die Bezeichnung „RegioMark RheinMosel".

Der Anlass für die Einführung dieser alternativen Währung war die Feststellung, dass ortsansässige Betriebe unter dem Druck großer nationaler oder gar internationaler Wettbewerber schließen mussten. Individuelle und charakteristische Angebote gingen damit immer mehr verloren. Das Geld wird zwar in der Heimat ausgegeben, verbleibt aber letztlich nicht in der jeweiligen Region.

Welche Möglichkeiten ergaben sich für die Umsetzung? Von Vorteil war, dass die sogenannte Lokale Agenda 21, ein weltweiter Aktionsplan, der dazu gedacht ist, gemeinsam mit den Bürgerinnen und Bürgern einer Kommune Ideen für Nachhaltigkeit zu entwickeln und umzusetzen, im März 1998 einstimmig von den

Mitgliedern des Koblenzer Stadtrates beschlossen worden war. So entstand aus der Agenda-Gruppe Regionales Wirtschaften am 6. August 2013 der Regioverein Koblenz e.V. Nachdem Walter Grambusch und seine fleißigen Mitstreiter unzählige Klinken geputzt, ungezählte Hände geschüttelt und ebenso hartnäckig wie optimistisch Überzeugungsarbeit geleistet hatten, startete die „RegioMark RheinMosel" am 1. Februar 2014 mit 44 Betrieben als Akzeptanzstellen.
Seitdem steigt die Zahl der Geschäfte, die die RegioMark als Zahlungsmittel akzeptieren, stetig. Zehn Jahre nachdem der erste RegioMark-Geldschein über die Ladentheke geschoben worden war, sind es 111 Akzeptanzstellen in Koblenz und Umgebung. Mittlerweile ist fast alles zu finden, was das Herz begehrt. Örtliche Lebensmittelgeschäfte zählen ebenso dazu wie Gastronomiebetriebe, der alteingesessene Buchhandel, Friseursalons und Kosmetikinstitute, Anbieter von Mode, Schmuck und Uhren, Kunst und Kunsthandwerk, Floristik und Garten sowie Angebote zu Sport, Freizeit und Spielwaren.
Bis heute ist die RegioMark RheinMosel die einzige regionale Währung in Rheinland-Pfalz. Eine Tatsache, auf die das engagierte Team mit dem langen Atem zu Recht stolz sein darf, scheiterte doch der erste rheinland-pfälzische Versuch, der in der Pfalz startete, bereits nach kurzer Zeit.
Dabei liegt der Nutzen für die Region auf der Hand: Durch die Stärkung des regionalen Konsums wird das Geld nicht mehr aus der Region gezogen, sondern zirkuliert im heimischen Umfeld. Es entsteht ein regionaler Wirtschaftskreislauf, denn mit der RegioMark kann man seine Rechnung nur bei den Firmen bezahlen, die in der Region ihren Firmensitz haben und nicht in den Geschäften, die man überall findet, egal ob in Koblenz, Wuppertal oder Flensburg.
Ein weiterer Nutzen durch den Einsatz dieser regionalen Wäh-

Der Schängel und die Gülser Brücke schmücken die Regio-Mark-Scheine im Wert von 20 und 5 RegioMark 2023/2024.

rung besteht darin, dass gemeinnützige Projekte gefördert werden. Die Konsumenten, die Euro zu einem Kurs von 1:1 in RegioMark tauschen, dürfen sich aus diversen Projekten eines aussuchen, das gefördert werden soll. In den Genuss dieser Förderung kommen soziale und kulturelle gemeinnützige Initiativen, die beim Regioverein ein Projekt angemeldet haben. Der Fördertopf wird gefüllt durch Förderbeiträge, die teilnehmende Unternehmen entrichten, wenn sie Regiogeld wieder in Euro zurücktauschen wollen. Alljährlich werden diese Fördergelder in RegioMark an die Initiativen ausgezahlt. Bis März 2024 konnte auf diese Weise ein Gesamtbetrag von über 30 000 RegioMark an förderungswürdige Initiativen ausgezahlt werden.

Immer noch haben einige Betriebsinhaber Angst vor allzu großem Aufwand. Bei dem eurogedeckten Regiogeld ist aber die Handhabung sowohl beim Bezahlvorgang als auch bei der Buchung denkbar einfach. Außerdem erhalten die Betriebe für den einbehaltenen Förderbeitrag und ihren jährlichen Mitgliedsbei-

trag von 60 € eine Spendenquittung. Einen positiven Effekt bewirken immer wieder die Nachfragen der Kunden, warum man eigentlich in einem Geschäft nicht mit RegioMark bezahlen könne. Mittlerweile wissen sowohl die Geschäfte als auch die Kunden, dass es sehr viel Freude macht, mit einer regionalen Währung zu bezahlen. Manche Eltern zahlen ihren Kindern sogar das Taschengeld in RegioMark aus.
Und so hört man in Koblenz und Umgebung fast fünfundzwanzig Jahre nach der Einführung des Euro immer öfter die Feststellung: „Hier hast de mal 'ne Mark."

Das Runde hüpft ins Eckige - Pokalspiel auf dem Oberwerth

Ein Sonntagsschuss an einem Dienstag, ein Wahnsinnstreffer, ein kleines Fußballwunder, ein Tor für die Ewigkeit, ein Kunstwerk! Das sind ein paar der Superlative, die Berichterstattern und Fußballfans am 26.10.2010 direkt aus dem Herzen über die Lippen sprudelten. Insbesondere die Anhänger der Turn- und Spielvereinigung 1911 e.V. aus Koblenz, kurz TuS genannt, hielt es nicht mehr auf den Sitzen.
Was war passiert? In der zweiten Hauptrunde des DFB-Pokals trat Hertha BSC Berlin, zu diesem Zeitpunkt Tabellenführer der zweiten Bundesliga, beim Drittligisten TuS Koblenz an. In der ersten Hauptrunde hatte die TuS Fortuna Düsseldorf im eigenen Stadion mit 1:0 besiegt, die Herthaner auswärts den SC Pfullendorf mit 2:0. Als Schiedsrichter Christian Bandurski die Partie um 19.00 Uhr im direkt am Rhein gelegenen altehrwürdigen Stadion Oberwerth vor etwas mehr als 7000 Zuschauern an-

pfiff, ahnte niemand, dass TuS-Spieler Michael Stahl nach dem Abpfiff Interviewanfragen aus der ganzen Welt erhalten würde, unter anderem aus den USA, Japan und Brasilien.

Eigentlich hatte Innenverteidiger Stahl, Rückennummer 22, von seinem Trainer Petrik Sander die Aufgabe erhalten, Raffael, Stürmer und bester Spieler des Hauptstadtclubs, nicht zur Entfaltung kommen zu lassen, was ihm übrigens recht erfolgreich gelang. Die Elf vom Deutschen Eck nahm fast von Beginn an das Herz in die Hand und versteckte sich nicht vor der „alten Dame Hertha". In der ersten Halbzeit kam es auf beiden Seiten zu einigen Torchancen, eine zwingende war allerdings nicht dabei.

Der Elf von der Spree sah man in der ersten Hälfte ihr Alter durchaus an. Die Koblenzer agierten weitaus laufstärker und mit einem wesentlich größeren Aufwand. Zu Beginn der zweiten Halbzeit erspielte sich Hertha bis zur 58. Minute ein paar sehenswerte Chancen. Ein Tor wurde aber nicht daraus.

Das schoss Michael Stahl in der 60. Minute. Und was für eins! Vor einem heranstürmenden Hertha-Spieler drosch Stahl mit aller Wucht, zu der er mit einer Körpergröße von 1,81 Metern fähig war, den Ball in Richtung des gegnerischen Kastens. Die Zuschauer im Stadion hielten den Atem an und bestaunten ungläubig den Kunstschuss aus 61,5 Metern Entfernung zum Hertha-Tor. (Der Podcast, den die TuS ausstrahlt, heißt übrigens „61 Meter" – Sie, liebe Leserinnen und Leser, wissen jetzt warum.)

Senja, der Torhüter des Hauptstadtvereins, der sehr weit vor seinem Gehäuse gestanden hatte, setzte noch zu einem Sprint an, erkannte aber rasch die Unsinnigkeit des Vorhabens. Auch er konnte nur noch zuschauen, wie der Ball etwa fünf Meter vor dem Tor aufkam und dann hineinhüpfte. Der Jubel kannte keine Grenzen. Unfassbar, wie viel Lärm etwa 7000 Fans veranstalten können. Michael Stahl, der selbst kaum glauben konnte, was ihm da gelungen war,

Dieser kleine Fan ist zwar etwas abgelenkt, aber mit der TuS-Kappe wenigstens gut behütet.

stürmte, begleitet von überbordendem Applaus, über den kompletten Platz zur heimischen Bank. Die Stimme des Stadionsprechers hat wahrscheinlich der Mann im Mond heute noch im Ohr.
Kaum zu glauben, aber wahr: Der sensationelle Treffer war Stahls erstes Tor als Profi und verursachte eine Gänsehaut bei jedem, der dabei war, wenn man denn ein Fan von TuS Koblenz war. Bei den Anhängern der Hertha hielt sich die Begeisterung in Grenzen.
Nicht aber beim Fernsehpublikum, das den Treffer von Stahl zum Tor des Monats Oktober wählte. Und nicht nur das, dem Treffer des Koblenzer Ballkünstlers wurde auch die Ehre zuteil, zum Tor des Jahres 2010 gekürt zu werden. Dabei ließ er unter anderem Tore von Arjen Robben, Claudio Pizarro und Thomas Müller hinter sich.
Ehrlich wie er ist, gab der 23-jährige Stahl zu, dass er den Ball nur wegschlagen wollte, um eine Chance der Berliner zu verhindern. Einen Torschuss hatte er überhaupt nicht geplant. Umso

schöner, dass einer daraus geworden ist! Der Kunstschütze wurde in der 70. Minute ausgewechselt und verließ unter frenetischem Applaus das Spielfeld. Das Pokalspiel endete 2:1 für die TuS und führte die Mannschaft ins Achtelfinale. Da ging dann leider gegen den 1. FC Kaiserslautern der Traum von einem weiteren Fußballmärchen zu Ende. Schade, aber eines bleibt: Der Wahnsinnsschuss eines jungen Fußballers, mit dem er sich nicht nur einen Platz in den Annalen der deutschen Fußballgeschichte gesichert hat, sondern auch auf ewig einen in den Herzen der TuS-Anhänger.

EGON - Eine Genossenschaft macht Schule

Egon kann vieles bedeuten. Zum Beispiel ist es ein alter deutscher Vorname, in Deutschland vor allen Dingen Anfang des 20. Jahrhunderts sehr gebräuchlich. Egon ist außerdem ein Vulkan auf Indonesien und der Name eines Radarsystems. Bergwanderer warnen mit dem Ausruf „Egon" vor drohenden Steinschlägen, der Film „Ach Egon!" ist eine deutsche Komödie aus dem Jahr 1961.

In Koblenz allerdings steht EGON für etwas völlig anderes, nämlich für die größte Schülergenossenschaft in Rheinland-Pfalz. Wie es dazu kam, erzählen Melina Jung, die stellvertretende Vorsitzende und Klara Dhein, die Schriftführerin der Genossenschaft, unterstützt von Christina Becker, die das Unternehmen, denn um nichts anderes handelt es sich bei EGON, vonseiten der Lehrerschaft betreut. Gegründet wurde EGON im Jahr 2015 von Schülerinnen und Schülern des Eichendorff-Gymnasiums, wodurch sich auch der Name erschließt: Eichendorff Gymnasi-

um Ökologisch Nachhaltig, ergänzt um die Prinzipien demokratisch und sozial und den Zusatz eSG, was für eine eingetragene Schülergenossenschaft steht.
Es begann damit, dass die Volksbank, damals noch Koblenz Mittelrhein, jetzt Volksbank RheinAhrEifel, im Jahr 2014 an das Eichendorff-Gymnasium herantrat, berichten Melina und Klara. Die Volks- und Raiffeisenbanken wollten finanzielle Bildung in die Schulen bringen. Natürlich stellte man sich am Eichendorff zunächst die Frage, ob man mit Banken und Genossenschaften zusammenarbeiten wollte. Um das zu klären, wurde am 10. Dezember 2014 ein Workshop auf freiwilliger Basis veranstaltet. Die Teilnehmerinnen und Teilnehmer fragten sich, was man Cooles machen könnte, um Geld zu verdienen, und was dann mit diesem Geld passieren sollte.
Es wurden etliche Ideen gesponnen: Sollte man Kleidung bedrucken? Bekommt man Koblenz tütenfrei? Wie sieht es mit der Vernetzung aus? Am Ende stand fest: Wir fangen bei uns an! 30 Schüler begeisterten sich für die genossenschaftliche Idee und erklärten sich bereit, in einer nachmittäglichen Arbeitsgemeinschaft mitzumachen. Mit zwei Lehrerinnen wurden eine Satzung, ein Geschäftsplan und ein Wirtschaftsplan entwickelt. Im April 2015 folgte die Gründungsversammlung. Mitglied der Genossenschaft konnte und kann jeder werden, der einen Bezug zum Eichendorff-Gymnasium hat und einen Genossenschaftsanteil von fünf Euro kauft. Wie jede andere Genossenschaft wird auch EGON von Prüfern des Verbandes geprüft. Für diesen Zweck wird ein Bericht gefertigt, der auch hin und wieder Kritik erfährt. Selbstverständlich werden die vorgeschriebenen Mitgliederversammlungen abgehalten, bei denen der Vorstand entlastet wird, Neuwahlen durchgeführt werden und über die Gewinnverwendung entschieden wird.

Kurz nach der Gründung stellte man sich die Frage, welche Schulmaterialien benutzt werden und wie man diese nachhaltig gestalten könnte. Eine Antwort darauf war die Eröffnung des Kiosks im Mai 2015, der aus einem alten Klassenschrank gebastelt wurde und noch heute seinen Dienst tut. Dort können die Schüler vor Schulbeginn und in den beiden großen Pausen am Vormittag nachhaltige Produkte kaufen, zum Beispiel Hefte oder Stifte. Auch Schulutensilien wie Kunststoffgeodreiecke gehören zum Sortiment, natürlich aus biologisch abbaubaren Materialien. Außerdem gibt es Coffee-to-go-Becher und weiße Tassen mit dem Logo der Schule. Nicht nur der Betrieb, sondern auch die Bestellungen, das Einräumen, das Putzen des Kiosks werden vom EGON-Team übernommen, ebenso die Lager- und Buchhaltung. Das Buchhaltungsprogramm hat Stephanie Linnartz, eine Schülerin aus der ersten Generation von EGON, selbst geschrieben. Melina Jung kümmert sich im Moment um die Buchhaltung. Das mache Spaß, sagt sie, zumindest wenn alles gut laufe. Nun, viele dürften selbst dann anderer Meinung sein.

Ein weiterer Geschäftszweig ist die Schulkleidung. Er umfasst Jacken, Pullis und T-Shirts. In Absprache mit den Lehrern wird außerdem ein Starterpaket für die neuen Schüler der fünften Klassen angeboten.

Im Mai 2016 wurde bereits der erste große Erfolg gefeiert. EGON belegte beim Easy Credit-Preis für finanzielle Bildung den ersten Platz und gewann 3250 €. Von dem Gewinn wurde ein Getränkeautomat gekauft. Diesem Preis folgte der Zukunftspreis Heimat in Höhe von 15 000 €, die in einen Snackautomaten investiert wurden.

Schnell wurden auch die Medien auf die engagierten jungen Genossenschaftler aufmerksam, der SWR führte ein Interview, es folgte ein Beitrag in der Landesschau. Das Entwicklungspoliti-

Hat vieles zu bieten, was das Herz begehrt: der alte Klassenschrank, der zum EGON-Kiosk wurde.

sche Landesnetzwerk Rheinland-Pfalz stellte EGON in einem Film vor.

Auf einer großen Genossenschaftsmesse, der Geno Genial, oder 2017 auf der Weltklimakonferenz in Bonn präsentierten sie das Konzept. Die jungen Leute diskutierten mit auf einem Podium auf der Festung Ehrenbreitstein zum Thema „Wirtschaft neu denken". Und nicht nur das, sie moderierten die Veranstaltung auch. 2022 landete EGON beim KiKA-Award in der Kategorie Make-a-Change-Award für sozialpolitisches Engagement unter den letzten fünf Bewerbern. Der Vorstand durfte das Projekt in Köln der Kinderjury vorstellen und erlebte beim KiKA einen spannenden Drehtag. Wer bei EGON mitmacht, lernt ohne Zweifel etwas fürs Leben. Melina und Klara sprechen mittlerweile auf Veranstaltungen völlig frei und ohne Spickzettel über ihr Projekt, wie viele von denen, die vor ihnen im Vorstand waren.

Joseph von Eichendorff, der bedeutende Dichter der Romantik und Verfasser der bekannten Novelle „Aus dem Leben eines Taugenichts", wäre stolz auf die Schülerinnen und Schüler, die an dem Gymnasium, das seinen Namen trägt, eine solch große Verantwortung übernehmen. Und eines ist sicher, Taugenichtse sind die EGONler auf keinen Fall!

Kunstwerk in XXL - Für Mädchen und Frauen

Wenn man von der Innenstadt kommend über die Balduinbrücke und die Mosel Richtung Lützel geht oder fährt, kann man sich dem Mädchen nicht entziehen. Ein Frauenporträt in einem Format weit größer als XXL, in Schwarz-Weiß gehalten, zieht jede und jeden sofort in seinen Bann. Schon von weitem sieht man die junge Frau, übrigens das Abbild einer real existierenden Person. Sie stützt ihren Kopf auf ihren gefalteten Händen ab, ihre Haare fallen ihr bis über die Schulter, mit offenen Augen schaut sie selbstbewusst in die Welt. In welcher Situation sie sich genau befindet, bleibt offen. Jeder, der das Bild betrachtet, hat wahrscheinlich seine eigene Idee, die je nach Wetterlage noch einmal unterschiedlich ausfallen wird. Unter schwarzen Gewitterwolken entfaltet das Gemälde eine andere Wirkung als im strahlenden Sonnenschein.

Initiiert wurde das Kunstprojekt vom Mädchen- und Frauennotruf Koblenz, einem eingetragenen gemeinnützigen Verein, der sich gegen Gewalt gegen Frauen und Mädchen stark macht. Conny Zech, im Jahre 1991 Mitbegründerin der Organisation, erinnert sich gerne daran, wie das Porträt entstanden ist. Voller Begeisterung erzählt sie, dass der Frauennotruf etwas Positives schaffen wollte. Dass dabei genügend Platz für eigene Interpretationen bleibt, sei beabsichtigt, sagt Conny Zech.

Der Frauennotruf nahm 2017 Kontakt mit Hendrik Beikirch auf, einem in Koblenz lebenden Streetart- und Graffitikünstler und äußerte ihm gegenüber den Wunsch nach einer Graffiti-Aktion. Hendrik Beikirch musste nicht lange überredet werden, dem Frauennotruf ein Wandporträt zu schenken, eine Idee, die er selbst anregte. Damit hatte der Frauennotruf einen international bekannten Künstler gefunden, dessen Werke man auf der ganzen Welt findet. Bis zur Umsetzung sollte ein gutes Jahr vergehen. Hendrik Beikirch liebt es riesig, nein, er liebt es gigantisch. Unter anderem schuf er 2012 das höchste Wandgemälde in Asien. Es zeigt auf einer Höhe von 70 Metern einen Fischer auf einer Hausfassade im südkoreanischen Busan. Ähnlich beeindruckend wie seine Zeichnungen ist übrigens die Liste der Orte, an denen man seine Werke an Häuserwänden bewundern kann und an denen er ausgestellt hat. Unter anderem gehören New Delhi in Indien, New York City, Los Angeles und Miami in den USA, Sao Paulo in Brasilien, Marrakesch in Marokko, Bern in der Schweiz und Aalborg in Dänemark dazu.

Die Fläche, die Hendrik Beikirch für seine Arbeit in der Rhein-Mosel-Stadt benötigte, stellte die Familie Bohnen zur Verfügung. Sie spendierte die Wand ihres Hauses in der Mayener Straße in Lützel, ohne versteckte Kosten und für eine unbegrenzte Zeit. Zugunsten des Kunstwerkes war sie sogar bereit, auf die Werbung für ihre Spedition zu verzichten, die vorher die Fassade geschmückt hatte.

Geld wurde natürlich trotzdem benötigt. Es mussten Farbe gekauft, die Fassade grundiert, verputzt und gestrichen, ein Hebekran besorgt und ein Gerüst gestellt werden. Diese Kosten in Höhe von ungefähr 3000 Euro konnten durch Spenden gedeckt werden. Selbstverständlich musste auch ein wenig Bürokratie

Am dritten Tag nachmittags ist von Hendrik Beikirchs Frauenporträt schon einiges zu erkennen.

abgearbeitet werden. Für die Sondernutzung im öffentlichen Raum brauchte es eine Genehmigung.

Im August 2018 war es dann so weit. Hendrik Beikirch begann mit der Arbeit. Das Wetter war den Initiatorinnen und dem Künstler hold. Während der knappen Woche, in der der Künstler das 20 Meter hohe Gemälde von oben nach unten schuf, blieb es trocken. Der Entstehungsprozess wurde von den Medien, drei Berufsschulklassen mit Auszubildenden in Fotografie, einer äußerst interessierten Öffentlichkeit und natürlich von den Mitarbeiterinnen des Frauennotrufs begleitet. Alle Mitwirkenden waren begeistert, wie es dem Künstler mehr und mehr gelang, während des Entstehungsprozesses Stärke und Selbstbewusstsein von Frauen und Mädchen im öffentlichen Raum zum Ausdruck zu bringen. Das Kunstwerk wirkt durch seine Größe und Schönheit als Blickfang. Die junge Frau wird deutlich sichtbar, stellvertretend für viele, die nicht gesehen werden und belästigt oder angegriffen werden. Für Hendrik Beikirch war es die erste Fassade, die er in seiner Heimat gestaltete. Auch das macht „Das Mädchen“ zu etwas ganz Besonderem. Während er sonst meistens mit dem Flugzeug zu seiner Arbeitsstelle gelangt, reichte ihm in diesem Fall sein Fahrrad.

Dank ihm und dem Frauennotruf Koblenz gibt es seit dem 17. August 2018, dem Tag der offiziellen Übergabe, in Lützel (was übrigens im Mittelhochdeutschen „klein“ bedeutet) große Kunst und im wahrsten Sinne des Wortes ein neues Gesicht zu bewundern.

Dornröschen erwacht - Das Flößerhaus in Neuendorf

Wer kennt ihn nicht, den Traum vom eigenen Haus. Viele erfüllen sich diesen Wunsch dadurch, dass sie ein altes Haus kaufen und sanieren. Wobei die nachfolgende Geschichte beweist, dass der Begriff „alt“ ein relativer ist, geht es doch um ein sehr, sehr betagtes Haus, das es dem Ehepaar Ingrun Rodewald und Gerd Meurer angetan hatte. Genau gesagt, ein im Jahr 1679 am Ufer des Rheins von einem reichen Flößer errichtetes Haus in Neuendorf. Wobei die beiden nicht zum Haus kamen, sondern das barocke Haus kam zu ihnen. Über den Umweg eines anderen barocken Fachwerkhauses in der Kellereibotsgasse in Ehrenbreitstein, das von Gerd Meurer, der für seinen Schwager in der Nachbarschaft tätig war, gerettet wurde. Der selbständige Lehmbauer warf sich dem Baggerfahrer, der bereits mit dem Abriss begonnen hatte, im übertragenen Sinne in den Arm und konnte ihn nach eindrücklicher Darlegung seines Standpunktes davon überzeugen, die zerstörerische Arbeit ruhen zu lassen. Nach einem Telefonat mit seiner Verwaltung eilte der damalige Koblenzer Oberbürgermeister persönlich zum Ort des Geschehens und verhängte einen Baustopp. Das Schicksal des Barockbaus wurde in die kundigen Hände von Gerd Meurer gelegt, der es mit seinen Geschäftspartnern und mit Unterstützung der Handwerkskammer Koblenz behutsam sanierte.

Kurz danach erhielt das Ehepaar Ingrun Rodewald und Gerd Meurer einen Anruf der Unteren Denkmalschutzbehörde. Das Amt berichtete von einem alten Flößerhaus in Neuendorf, das seit geraumer Zeit leer und zum Verkauf stand. Es stand allerdings nicht nur leer und zum Verkauf, sondern auch kurz vor dem Verfall, und in einem Bereich, in dem der Rhein dem Anwesen öfter als einmal einen Besuch abgestattet hatte. Der ungebetene Gast hatte unter anderem für verfaulte Balken gesorgt. Trotz aller Risiken entschloss sich das Ehepaar, die Sanierung zu wagen. Ingrun Rodewald erwarb das Objekt im Jahr 1998. Der Kaufpreis betrug eine Mark, kann also getrost als symbolisch bezeichnet werden.

Es habe sich um eine Wahnsinnsruine gehandelt, die Treppen seien kaputt und ausgelatscht gewesen. Das komplette Gebäude, das einen Gewölbekeller, das Erdgeschoss, den ersten Stock, das Dachgeschoss und einen Spitzboden umfasst, habe sich in einem beklagenswerten Zustand befunden, gesteht die damalige Käuferin, die mit ihrem Mann vor einer gewaltigen Aufgabe stand. Obwohl sie als junge Eltern mit ihrem ersten Sohn, der zum Zeitpunkt des Erwerbs des gebrechlichen Objekts ein Jahr alt war, genug zu tun gehabt hätten, stürzte sich das Ehepaar in das Abenteuer der Sanierung. Zunächst wurden im gesamten Haus die Fundamente, die Wände und die Decken begutachtet und die Standsicherheit geprüft. Es folgte die erste Kernsanierung, die von 1998 bis 2000 andauerte. Die morschen Balken wurden ausgetauscht und der Dachstuhl repariert. Dazwischen erblickte 1999 der zweite Sohn des Paares das Licht der Welt. Trotzdem schaffte es die Familie, im Dezember 1999 in die fertiggestellte erste Etage ihres neuen Heims mit Rheinblick einzuziehen. Das Haus diente der Familie fortan als Wohnung und Gerd Meurer als Büro für seinen Betrieb. Und stellte die Bewohner unter anderem auf dem Gebiet Reinigung vor besondere Aufgaben. Denn, so Ingrun Rodewald, aus irgendeiner der vielen Ritzen am Boden tauchten immer wieder Sand, Staub und Krümel auf. Abschrecken ließen sich die Bauherren davon nicht. Die Instandsetzung schritt dank viel Ausdauer und reichlich Herzblut stetig voran, ganze 23 Jahre lang, eine energetische Sanierung auf höchstem Niveau eingeschlossen, was dazu führte, dass der Staat dem denkmalgeschützten Gebäude die Neubaueigenheimzulage zuerkannte. Mehr Hochachtung von behördlicher Seite auf dem Gebiet ökologischen Bauens im Bestand geht im Grunde nicht.

Mitentscheidend für diesen Erfolg war, dass alles, was gerettet werden konnte, auch gerettet wurde. Den Hausherren kam hierbei das professionelle Wissen Gerd Meurers im Bereich Lehmbau und die von ihm entwickelte Wandheizung zugute. Außerdem standen dem Ehepaar mehrere erfahrene Restauratoren zur Seite. Als pures Glück erwies sich, dass die Vorbesitzer keine größeren Reparaturen vorgenommen hatten. Dadurch waren Elemente eines aufwendigen Umbaus Ende des 18. Jahrhunderts unter den neu aufgetragenen Farb- und Bodenschichten, wie historische Stuckdecken, Fliesen- und Holzböden, noch vorhanden. Auch die Fenster konnten aufgearbeitet und damit erhalten werden. Das komplette Flößerhaus wurde mit ökologischen Baustoffen gedämmt. Das selbst entwickelte alternati-

Im lichtdurchfluteten Wohnraum im denkmalgeschützten Flößerhaus in Neuendorf lässt es sich gut leben.

ve Wandheizungssystem und die Verwendung von Lehm- und Kalkputzen bescherten der vierköpfigen Familie ein gesundes Raumklima und ein behagliches Nest. Das denkmalgeschützte Flößerhaus erwachte langsam aus seinem Dornröschenschlaf.

Um die Nutzung des Dachgeschosses, das 2009 bezogen werden konnte, zu ermöglichen, wurde ein zusätzlicher Giebel, ein sogenanntes Zwerchhaus eingebaut. Wobei „zwerch“ sich nicht von Zwerg ableitet, sondern von dem mittelhochdeutschen Begriff für quer, weil der First eines Zwerchhauses im rechten Winkel quer zum First eines Gebäudes steht.

Mit großer Begeisterung berichtet Ingrun Rodewald von ihren Führungen durch ihr geschichtsträchtiges Haus am Tag des Offenen Denkmals. Gerne hat sie dabei den Besuchern die Historie und die Möglichkeiten einer ökologischen Wiederherstellung alter Bausubstanz nähergebracht.

Die Mühen wurden schließlich preisgekrönt. Das Ehepaar bewarb sich, nach nachdrücklicher Aufforderung, im Jahre 2010 um den Bundespreis für Handwerk in der Denkmalpflege. Ohne große Hoffnung auf Erfolg, denn das Treppenhaus war nicht fertig, ebenso wie etliche andere Dinge. Dennoch rückte die Jury an einem heiteren Augustmorgen zur Besichtigung an. Momente, an die Ingrun Rodewald sich noch lebhaft erinnern kann, denn die Inaugenscheinnahme durch die Fachleute gestaltete sich anfangs etwas zäh. Dies änderte sich entscheidend, als die Preisrichter das Dachgeschoss erklommen hatten. Das Morgenlicht flutete den großen Raum. Im Hintergrund glitzerte das Wasser des Rheins im Sonnenschein. Nach und nach strahlten die Mitglieder der Jury mit der Sonne um die Wette. Besonderen Gefallen fand die authentische Ausgestaltung der Sanierung.

So konnten Ingrun Rodewald und Gerd Meurer 2010 voller Stolz einen ersten Preis des Bundespreises für Handwerk in der

Denkmalpflege entgegennehmen. Die Ehefrau als Hauseigentümerin, der Ehemann für hervorragende Leistungen im Lehmbauerhandwerk.
Mittlerweile hat das Paar das alte Flößerhaus an ebenso liebevolle Hände wie die eigenen abgegeben. Als die Kinder aus- und das Büro umgezogen war, wurden 250 Quadratmeter Denkmal für zwei Menschen schlicht zu groß. Es herzugeben sei durchaus schwergefallen, gibt Ingrun Rodewald zu. Aber selbstverständlich verwirklichen ihr Mann und sie in ihrem neu erbauten Haus, das mehr Energie erzeugt als es verbraucht, weiter ihren Traum vom nachhaltigen Leben mit gesunden Baustoffen.

Huftier statt Panzer - Das Beweidungsprojekt Schmidtenhöhe

Geschichten über die Stadt Koblenz zu schreiben ist schlicht unmöglich, ohne dass man ihre Bedeutung für die Bundeswehr zumindest streift. Die Stadt an Rhein und Mosel war einst sogar Standort für über 10 000 Soldaten und damit die größte Garnisonsstadt der Bundesrepublik Deutschland. Aber bereits für die Wehrmacht wurde im Jahre 1937 auf der so genannten Schmidtenhöhe auf der Horchheimer Höhe ein bis dahin vor allen Dingen für die Landwirtschaft genutztes Gebiet (unter anderem befanden sich hier Streuobstwiesen) enteignet. Die Soldaten in den nahegelegenen Kasernen sollten dadurch einen Übungsplatz erhalten. Die Fläche wurde vor allen Dingen von den Panzertruppen der Bundeswehr ausgiebig genutzt – hier wurden die Fahrer ausgebildet.
Im Jahr 1992 wurde das Panzerbataillon aufgelöst, der Teilabzug des Militärs begann. Dass auf der Fläche immer wie-

der Hunderte von Panzern herumgefahren sind, erwies sich für die Natur als wahrer Segen. In den reichlich vorhandenen, mit Wasser gefüllten Löchern fanden unter anderem Amphibien wie Laubfrösche, Kammmolche und Gelbbauchunken ein Zuhause, auch andere wertvolle Arten wie Insektenund seltene Blumen siedelten sich an. Flora und Fauna übernahmen wieder die Herrschaft über das zirka 130 Hektar große Areal, das Teil des europäischen Schutzgebietssystems „Natura 2000“ wurde. Durch den Rückzug der Panzer bekamen allerdings auch andere Arten die Gelegenheit, sich dort anzusiedeln. Gehölze begannen, sich auszubreiten. Es bestand die Gefahr, dass sie dadurch Offenlandarten, wie zum Beispiel seltenen Orchideen, die Lebensgrundlagen nehmen. Dem Gebiet drohte eine Verbuschung, da die Fläche nicht mehr mit schwerem Gerät befahren wurde.

Keine schönen Aussichten für die vielen seltenen, wertvollen Arten, die sich hier angesiedelt hatten! Es war der Zeitpunkt, an dem Heinz Strunk und der Naturschutzbund Deutschland (NABU) die Regie übernahmen. Heinz Strunk, Jahrgang 1952 und gebürtiger Arzheimer, turnte schon als Zehnjähriger auf der Schmidtenhöhe herum. „Es war ein wunderbarer Spielplatz“, erzählt er, „zudem noch ein verbotener, da der Bereich intensiv militärisch genutzt wurde, was die Sache natürlich umso spannender machte.“ Zusammen mit seinen Freunden machte er sich auf die Suche nach den Hülsen der Platzpatronen, die dort abgefeuert worden waren. Das Tolle an den Überbleibseln der Übungsmunition war, dass sie teilweise aus Messing war. Jede einzelne Hülse war bares Geld wert und wurde, so Heinz Strunk, verscherbelt.

Die Liebe zur Natur hatte sein Onkel in ihm geweckt. Als er noch ein Junge war, handelte er mit seiner Mutter einen Deal aus. „Wenn

Dieses Konik (Pferdchen auf Polnisch) ist auf der Schmidtenhöhe im Namen des Naturschutzes unterwegs.

du in die Frühmesse gehst, dann darfst du anschließend mit dem Onkel in den Wald", so die Worte der Mutter. Im Wald drückte der Onkel seinem Neffen ein Messingfernglas in die Hand, womit der kleine Heinz sein erstes Reh beobachtete. Dieses Erlebnis war für ihn der Startschuss für ein Leben als Naturschützer.

Immer wieder zog es ihn mit seinen Freunden auf die Schmidtenhöhe. Allerdings durfte er erst nach draußen, wenn er seine Hausaufgaben gemacht hatte, aber dann ohne Wenn und Aber, so lautete das Ergebnis einer weiteren Verhandlung mit seiner Mutter. Es war mühsam, durch das sumpfige Gebiet mit normalen oder Turnschuhen zu laufen. Also bettelte Heinz bei seiner Mutter so lange um Gummistiefel, bis sie ihrem Sohn ein Paar kaufte, zu einem Preis von 3,50 Mark. Das war in den 1950er-Jahren viel Geld! Viel Freude sollte der kleine Heinz an seinen Gummistiefeln nicht haben. Bereits beim ersten Ausflug blieb er mit seinem neuen Schuhwerk im sumpfigen Gelände stecken. Einer seiner Stiefel war nicht mehr zu retten, er fiel dem Schlamm zum Opfer. Mit nur noch einem Stiefel kam er nach Hause, was seine Mutter wenig erfreute. Ein neues Paar gab es nicht. Heinz Strunks Liebe zur Natur und insbesondere zur Schmidtenhöhe tat dies keinen Abbruch.

Als Erwachsener bekam er dann die Gelegenheit, der Schmidtenhöhe etwas für die tollen Kindheitserinnerungen zurückzugeben. Es war ihm ein Herzensanliegen, der drohenden Verbuschung, insbesondere Schwarzdornhecken machten sich breit, entgegenzuwirken. Ohne Gegenmaßnahmen in Form einer Nutzung des Geländes würden Tümpel trockenfallen und damit Laichplätze für seltene Amphibien fehlen, Orchideen wie das Übersehene Knabenkraut würden nicht mehr gedeihen, weil es ihnen an Sonne fehlt. Dadurch wiederum würde es an Blüten als Nahrungsquelle für Insekten fehlen, die nicht mehr als Nahrungsquelle für Fledermäuse zur Verfügung stünden. Höchste Zeit, etwas für die vielen seltenen Arten zu tun!

Geeignete Gegenmaßnahmen wurden veranlasst. Grund hierfür war auch die konkrete Vorgabe der EU, die eine Verschlechterung von Natura-2000-Gebieten untersagte. Der NABU bekam den Auftrag, auf der Fläche eine sogenannte „Halboffene Weidelandschaft“ zu schaffen. Heinz Strunk ergriff sofort und gerne die Chance, sich in das größte Beweidungsprojekt des Landes Rheinland-Pfalz einzubringen.

Seit Ende August 2009 grast auf der Schmidtenhöhe eine Gruppe Taurusrinder, im September folgte eine Herde Konikpferde, sozusagen Landschaftspfleger auf vier Hufen. Den Tieren gefällt es dort sichtlich, was man auch an den ersten Kälbern und Fohlen erkennt, die nicht lange auf sich warten ließen.

Die Erfolge können sich sehen lassen. Die Brutdichte des Neuntöters ist in der halboffenen Landschaft enorm hoch. Die komplette Vogelwelt hat profitiert, auch durch den Dung der Weidetiere, auf die viele Insekten fliegen. Das regelmäßige Befahren des Geländes und damit den Erhalt der Mulden, übernehmen

die Military Vehicle Drivers mit ihren historischen Militärfahrzeugen. Darunter auch schweres Gerät wie Lastkraftwagen und Panzer vom Typ Leopard.
Selbstverständlich steht das Gebiet auch der Bevölkerung zur Verfügung. Seit Juni 2010 kann man sich auf einem Rundwanderweg im „Naturerlebnispark Schmidtenhöhe“ über das Projekt informieren. Vielleicht hat man das Glück, einem Frosch zu begegnen oder die Rinder und Pferde zu erspähen. Hierfür stehen auch Aussichtstürme und Schautafeln zur Verfügung. Zur Verfügung steht auch weiterhin Heinz Strunk, der auf der Schmidtenhöhe Exkursionen für Naturfreunde anbietet. Mehreren tausend Menschen hat er den ehemaligen Standortübungsplatz schon nähergebracht, darunter auch etlichen Studenten, die hier Themen für ihre Studienarbeiten fanden und finden. Er hofft, dass das so bleibt.

Bewegende Musik oder Wie aus einer spinnerten Idee die erste Stadtsinfonie Deutschlands entstand

Es war an einem Freitag im Sommer 2011, erinnert sich Bernhard Meffert, Trompeter und Moderator im renommierten Konzertorchester Koblenz. Nun ist ein Freitag nichts generell Ungewöhnliches. Bernhard Meffert unterhält sich mit seiner kleinen Tochter über die Komposition „Die Moldau“, in der der tschechische Komponist Smetana den Lauf des Flusses musikalisch zum Klingen bringt. Auch noch nicht sonderlich spektakulär!
Das änderte sich am nächsten Tag. Der Westerwälder Meffert hatte samstags in Koblenz zu tun. Sein Weg führte ihn am Brunnen auf dem Görresplatz mit seiner Historiensäule vorbei.

Das Land Rheinland-Pfalz hat die Säule, die der Braunschweiger Bildhauer Jürgen Weber gestaltet hat, Koblenz 1992 zur 2000-Jahr-Feier geschenkt. Auf fast elf Metern Höhe erzählt sie in zehn Bildern die bewegte Stadtgeschichte von der Römerzeit bis hin zur heutigen modernen Stadt. Als Meffert die Säule betrachtete, Smetanas Moldau noch im Ohr, schoss ihm spontan ein Gedanke durch den Kopf: Wenn Smetana einen Fluss in einer sinfonischen Dichtung erklingen lassen kann, dann kann man auch die Historie von Koblenz musikalisch zum Leben erwecken. Eine durch und durch verrückte Idee, das war Meffert klar, aber nicht unmöglich umzusetzen.
Bernhard Meffert schilderte seinen Einfall Christoph Engers, Dirigent des damals noch unter dem Namen Postmusikkapelle e.V. bekannten Blasorchesters, in dem ausschließlich musikbegeisterte Amateure spielen, und Michael Göddertz, seinerzeit der Erste Vorsitzende. Ein wenig blümerant war ihm schon, bekennt Meffert. Vielleicht würden die beiden glauben, er hätte einen Knall, was ihn nicht verwundert hätte, denn den Gedanken hegte er bereits selbst.
Aber es kam anders. Dirigent Engers, studierter Orchestermusiker, Hauptfach Klarinette, und Göddertz ließen sich sofort von der spinnerten Idee anstecken und sponnen sie gemeinsam mit Meffert weiter. Auch die Mitglieder des Orchesters reagierten begeistert.
Engers fragte seinen Musikerkollegen Guido Rennert, ob der sich vorstellen könnte, eine Sinfonie über die Stadtgeschichte von Koblenz zu komponieren. Rennert konnte.
Zur Jahreswende gelang es, erste Sponsoren ins Boot zu holen, denn vom Verein alleine war das Vorhaben finanziell nicht zu stemmen. Im Sommer und Herbst 2012 begann ein Projektteam unter der Leitung von Bernhard Meffert mit der Planung. Die

Gattin des damaligen Oberbürgermeisters Prof. Dr. Hofmann-Göttig, Frau Dr. Christiane Herzog, übernahm die Schirmherrschaft.

Dann ging es Schlag auf Schlag. Die Umbenennung in „Konzertorchester Koblenz“ wurde anlässlich des Neujahrskonzerts 2013 bekannt gegeben. Am 10. Januar 2013 fand eine erste Pressekonferenz statt, auf der die ambitionierte Idee den Medien vorgestellt wurde. Im Februar brachte Stadtführer Arthur Matyschok bei frostigen Temperaturen dem Komponisten Guido Rennert Koblenz näher. Es ging im Galopp durch 2000 Jahre Stadtgeschichte, erzählt Judith Höhn-Engers, die im Orchester Tenorsaxophon spielt.

Guido Rennert ließ die Rhein-Mosel-Stadt auf sich wirken, erspürte die Atmosphäre, denn er besitzt eine besondere Gabe. Er ist Synästhet, bei dem sich unterschiedliche Sinneswahrnehmungen miteinander verknüpfen. Rennert nimmt den Ton nicht nur als Klang, sondern gleichzeitig auch als Farbe wahr. Wieder zuhause begann er mit der Arbeit an der sinfonischen Dichtung.

Nach der Uraufführung der Brunnensinfonie hält es die Zuschauer nicht mehr auf den Sitzen.

Er berücksichtigte dabei die Wünsche der Musiker, dass ein großer Chor dabei sein und es kein Konzert für Musikakademiker, sondern für jedermann sein soll, auch für Menschen, die gerne Schlager hören. Im Mai kam die anspruchsvolle Brunnensinfonie, die erste Stadtsinfonie Deutschlands, in Koblenz an.

Aus einem Chor wurden mehrere. Der Bach-Chor und die Chöre des Eichendorff-Gymnasiums übernahmen gerne die Herausforderung, die Brunnensinfonie mehrstimmig zu begleiten. Dann hieß es: üben, üben, üben. Immerhin würden bei der Aufführung des Werkes 150 Musizierende auf der Bühne stehen. Unter der musikalischen Gesamtleitung von Christoph Engers setzten sich Orchester und Chöre mit der Historie von Koblenz auseinander. Bevor es am 5. April 2014 zur Welturaufführung kam, gab es noch zwei Meilensteine: Erstens konnte Barbara Harnischfeger, die bekannte Fernseh- und Hörfunkjournalistin des Südwestrundfunks, als Moderatorin gewonnen werden – ein echtes Zugpferd für die Werbung. Zweitens wurde das Werk auf CD aufgenommen.

Dann war er da, der große Moment! In der fast ausverkauften Rhein-Mosel-Halle wurde die Brunnensinfonie uraufgeführt. Sein Puls und sein Blutdruck seien am Anschlag gewesen, gibt Bernhard Meffert zu. Orchester und Chöre trugen Rennerts Komposition leidenschaftlich und voller Spielfreude vor. Die Reise begann mit einer Liebeserklärung an den Zauber der Heimat. Der Hauptteil entführte das Publikum dann in die Koblenzer Geschichte, beginnend mit der Zeit, in der sich römische Legionäre am Zusammenfluss von Rhein und Mosel niederließen. Dann charakterisierten dunkle, dramatische Töne das Mittelalter. Es folgte lodernde Musik, denn im Jahr 1245 wütete ein verheerender Stadtbrand. Danach deuteten zurückhaltende, fast schüchterne Noten die Erholung nach der Tragödie an. Anschließend wurde es laut, als sich johlende Menschen auf einem spätmittelalterlichen Volksfest bei heiteren Weisen amüsierten. Die Marseillaise kündete von der Besetzung der Stadt durch die Franzosen Ende des 18. Jahrhunderts. In dieser Passage wechselten sich Schwere und Leichtigkeit ab. Die Preußen lösten die Franzosen ab. Koblenz wurde Hauptstadt der preußischen Rheinprovinz, die Musik dazu war souverän und vermittelte Sicherheit. Anders als die Klänge zum Zweiten Weltkrieg, die traurig waren und hoffnungslos, mit eingestreuten scharfen Sequenzen voller Leid. Danach wurde das Publikum Ohrenzeuge des Wiederaufbaus, man packte an, räumte auf, die Lebensfreude kehrte langsam zurück. Schließlich beschrieb Rennert das moderne Koblenz, das sich quirlig, lebendig und weltoffen präsentiert – ein spätestens seit der Bundesgartenschau im Jahr 2011 im besten Sinne verwandeltes Koblenz. Am Ende nahm der Zauber der Heimat das Publikum noch einmal gefangen.

Die Zuschauer feierten den hochemotionalen, klang- und kraftvollen Vortrag mit Standing Ovations und minutenlangem Applaus. Bernhard Mefferts Gemütszustand wechselte von nervös zu euphorisch. „Sowohl im Publikum als auch auf der Bühne flossen Tränen“, erzählt Judith Höhn-Engers, „selbst bei Menschen, die seit Jahrzehnten nicht geweint hatten.“

Von den Gänsehautmomenten, die das Orchester mit der Brunnensinfonie dem Publikum geschenkt hat, profitiert es noch heute, berichten Bernhard Meffert, Christoph Engers und die Vorstandsmitglieder Björn Schäfer und Carina Diefenthal. Das Einzugsgebiet des Konzertorchesters habe sich erweitert. Neue Instrumente konnten angeschafft, neue Zuhörer und Musiker gewonnen werden. Das Orchester wagte sich an weitere Großprojekte, zum Beispiel an Rennerts Komposition „75 Jahre Grundgesetz – Eine deutsche Geschichte“.

Wie schön, dass es spinnerte Ideen gibt!

Wo das Glück zuhause ist - Die Zentrale von Lotto Rheinland-Pfalz

Gesamtumsatz 2023: 418 Millionen Euro
Steigerung des Jahresumsatzes im Vergleich zu 2022: rund 1,3 Prozent (trotz Inflation und der Folgen des Ukraine-Krieges)
40 Millionen Spielaufträge in knapp 900 Annahmestellen und über das Internet, acht neue Millionäre in 2023.
Insgesamt wurden knapp 200 Millionen Euro an die Spielteilnehmer ausgeschüttet.

Klingt nach einem erfolgreichen Unternehmen? Ist ein erfolgreiches Unternehmen! Denn die angebotenen Produkte, unter anderem die Glücksspiele mittwochs und samstags mit jeweils sechs Kreuzchen in einem Spielfeld auf einem Tippschein sind wahrhaftig jedem bekannt. Die Rede ist von der Lotto Rheinland-Pfalz GmbH, die im Koblenzer Stadtteil Rauental unweit der Mosel ihren Sitz hat.
Lotto Rheinland-Pfalz wurde von den drei Sportbünden Rheinland, Pfalz und Rheinhessen, die heute noch Gesellschafter sind, im November 1948 kurz nach dem Zweiten Weltkrieg als „Sport-Toto GmbH" gegründet. Erklärtes Ziel war, dem sportlichen Geschehen im Land, das durch den Krieg arg gelitten hatte, durch die Einnahmen aus dem Glücksspiel unter die Arme zu greifen. Vor allen Dingen galt es, die vielen zerstörten Sportstätten wieder aufzubauen. Noch heute ist Lotto Rheinland-Pfalz dem Sport eng verbunden, unterstützt aber auch die Kultur sowie soziale und gesellschaftlich bedeutende Projekte. Lotto schüttet 50 Prozent der Spieleinsätze an die Spielteilnehmenden aus und gibt zudem nahezu 40 Prozent in das Allgemeinwohl. Von diesem Engagement

profitieren alle Rheinland-Pfälzer. Einen wichtigen Beitrag leistet zudem die 2007 gegründete Lotto-Stiftung.

Eine besondere Geschichte verbindet Lotto Rheinland-Pfalz mit Lotto am Mittwoch, das am 28. April 1982 zunächst mit der Formel „7 aus 38“ startet. Ab dem 4.6.1986 setzt man auch bei diesem Gewinnspiel auf das altbewährte „6 aus 49“. Zuständig für Lotto am Mittwoch war seit der Erstauflage Lotto Rheinland-Pfalz aus Koblenz. Der Grund? Die Ziehungssendung wurde beim ZDF in Mainz produziert. Das heißt, dass hier die Kugeln, nicht nur Hauptdarsteller, sondern irgendwie auch Serienstars in einem äußerst erfolgreichen Format, ihrem wöchentlichen Einsatz entgegensahen. Jeden Mittwoch, völlig egal, ob die Sonne brannte, es regnete, schneite, stürmte oder Blitzeis drohte, wurde ihre Anwesenheit in Mainz beim ZDF erwartet. Die Ziehung fand auch an Feiertagen statt. Die reichlich Geld verheißenden Kugeln, nichts anderes als spezialbeschichtete, 3,2 bis 3,3 Gramm schwere Tischtennisbälle, auf die mit schwarzem Lack die Zahlen 1 bis 49 aufgebracht wurden, lagerten gut geschützt im Untergrund. Nämlich in einem Keller der Lottozentrale, der aufgrund seiner Nähe zur Mosel ein wichtiges Kriterium erfüllen musste: Hochwassersicherheit. Es gab die Kugeln in den Farben Blau und Gelb, einfach deshalb, weil es mittwochs eine Zeitlang zwei Ziehungen gab. Damit einher ging die Chance auf höhere Gewinne.

Der zeitliche Ablauf bis zu dem Moment, in dem die Gewinnzahlen feststanden, war minutiös festgelegt. Für den Fall der Fälle hatte man bestens vorgesorgt. Für die Mittwochsziehungen sah das Konzept neben einem Netz auch noch einen doppelten Boden vor. Folgendermaßen lief solch ein Mittwoch ab:

Um 15.30 Uhr werden zwei Mitarbeiter von Lotto Rheinland-Pfalz zu Kofferträgern. Aus dem Tresor im Keller treten drei glänzende Alu-Koffer ihre etwa einstündige Reise nach Mainz an. In zweien

In diesem Gebäude hat man nicht nur das Glück der Lottospieler im Blick, sondern unterstützt auch Sport und Kultur.

lagern je 49 Kugeln bequem auf Schaumstoff, in einem weiteren zehn Kugeln für die Ziehung der Superzahl. Begleitet werden die Glücksbringer vom Ziehungsteam, das aus einem Ziehungsleiter, für den korrekten Ablauf der Ziehung verantwortlich, und zwei Assistenten besteht, alle drei beschäftigt bei Lotto Rheinland-Pfalz. Bis spätestens 17.00 Uhr werden Bällchen und Team in Mainz erwartet. Sollte die Meldung der Ankunft bis zu diesem Zeitpunkt ausbleiben, macht sich ein zweites Team aus Koblenz auf den Weg nach Mainz (Netz). Sollte auch dieses beim ZDF nicht ankommen, steht in Mainz ein drittes Team mit 108 Kugeln bereit (doppelter Boden). Ob es jemals einen solchen Notfall gab, ist allerdings nicht bekannt.

Sind alle pünktlich und unversehrt in Mainz gelandet, findet kurz nach 17.00 Uhr eine Besprechung der Ziehungsteilnehmer statt, gefolgt von einer Probeziehung. Damit es keine Verwechslungen gibt, tragen die Kugeln bei der Probe alle die Nummer 50. Die richtigen Kugeln warten im Studio auf ihren Einsatz, bestens bewacht, wie es sich für Serienstars gehört. Zu dem Koblenzer Team gesellen sich die sogenannte „Lottofee“ und ein Aufsichtsbeamter, der die Glückszahlen protokolliert.

Um 17.45 Uhr wird es ernst für die Kugeln. Sie werden von einem der beiden Ziehungsassistenten aus dem Koffer befreit und in die Ziehungsgeräte eingesetzt. Um 18.51 Uhr beginnt die Ziehung, nachdem der zweite Ziehungsassistent den Hebel betätigt und dadurch die Kugeln ins Ziehungsgerät befördert hat, wo sie im Schleudergang durcheinandergewirbelt und die Gewinnzahlen einzeln herausgefischt werden. Schon um 18.56 Uhr ist alles vorbei. Die Lottozahlen werden verkündet, nach Koblenz gemeldet und an die Medien weitergeleitet. Danach werden die Kugeln wieder verpackt und zurück nach Koblenz transportiert, wo sie gegen 20.00 Uhr wieder sicher in ihrem Tresor landen – bis zu ihrem nächsten Auftritt eine Woche später.
2013 war dann Schluss mit den wöchentlichen Livesendungen mittwochs um 19.00 Uhr aus dem Sendezentrum in Mainz-Lerchenberg. Seither können die Ziehungen live im Internet verfolgt werden. Zuständig ist nun der Saarländische Rundfunk. Der Hoffnung auf einen großen Gewinn tut das natürlich keinen Abbruch. So oder so heißt es weiter: Daumen drücken.

Ein dicker Fund, findet auch Findus – Von den Anfängen des Puppentheaters

Ein unbeschwerter, entspannter erster Advent sieht anders aus. Statt bei Kerzenschein Stollen und Plätzchen zu genießen, mussten am 4. Dezember 2011 rund 45 000 der 106 000 Einwohner von Koblenz bis spätestens um 9.00 Uhr ihre Wohnungen verlassen haben. Grund dafür war der Fund einer 1,8 Tonnen schweren Luftmine, die am 20. November 2011 bei Niedrigwasser im Rhein bei Pfaffendorf von Spaziergängern entdeckt worden war.

Der gefährliche Blindgänger musste wie eine wesentlich kleinere Fliegerbombe und ein mit giftigen Substanzen gefülltes Tarnnebelfass, wenige Tage nach der dicken Bombe im Rhein aufgetaucht, zeitnah unschädlich gemacht werden. Aus diesem Grund erlebte die Rhein-Mosel-Stadt am ersten Adventssonntag des Jahres 2011 die größte Evakuierungsaktion in Deutschland nach dem Zweiten Weltkrieg. Das Sperrgebiet lag in einem Radius von 1,8 Kilometern rund um die brisanten Funde und vor den zirka 2500 Einsatz- und Rettungskräften eine logistische Mammutaufgabe. Denn außer den Zehntausenden, die ihr Zuhause verlassen mussten, galt es, die Patienten zweier Krankenhäuser und die Bewohner von sieben Alten- und Pflegeheimen in Sicherheit zu bringen. Knapp über 160 Krankentransport- und Rettungswagen waren hierfür im Einsatz. Im gesperrten Gebiet lag auch die Justizvollzugsanstalt. 200 Insassen wurden in anderen Gefängnissen im Land untergebracht.
Die Evakuierten konnten in sieben Notunterkünften unterkommen. An diesem Punkt kommt Stephan Siegfried ins Spiel, ein junger, aus Mecklenburg stammender Puppenspieler, der Ende 2011 ein Gastengagement am Stadttheater Koblenz wahrnahm. Die Theaterverantwortlichen wollten damals herausfinden, ob es sich lohnt, eine Puppensparte zu gründen. Deshalb wurden zwei Studierende und die Dozentin Astrid Griesbach von der renommierten Berliner Hochschule für Schauspielkunst „Ernst Busch“ eingeladen, das Weihnachtsmärchen „Morgen, Findus, wird‘s was geben“ auf die Bühne zu bringen. Stephan Siegfried spielte Findus, den kleinen Kater, dem die 24 Tage Adventszeit bis zur Bescherung unendlich lange vorkommen, weswegen Katzenbesitzer Pettersson sich etwas ausdenken muss, um die Wartezeit zu verkürzen. Das Stück war gleichzeitig das Abschlussprojekt von Stephan Siegfrieds Puppenspielstudium, sein sogenanntes

Ensemblediplom. Seitdem darf sich der damals 23-Jährige stolz Diplom-Puppenspieler nennen.
Aber zurück zum 4. Dezember 2011. Schauspielregisseurin Olga Wildgruber, die parallel ein anderes Stück inszenierte, war es, die den jungen Puppenspieler fragte, ob er Lust hätte, am Tag der Evakuierung ein Video über das Geschehen zu drehen. Zunächst fand er die Idee überhaupt nicht prickelnd, gibt Stephan Siegfried zu, der außerhalb des Sperrgebietes wohnte. An sechs Tagen in der Woche wurde „Morgen, Findus, wird's was geben" gespielt, der Sonntag war sein einziger freier Tag.
Irgendwann schaffte es Olga Wildgruber, den Widerstand des Kollegen zu brechen. Auch deshalb, erzählt Siegfried, weil er sich überlegt hatte, dass sich die Evakuierten sicher über ein wenig Unterhaltung freuen würden. Zu nachtschlafender Zeit hieß es deshalb am 4. Dezember raus aus den Federn. Denn natürlich mussten sich auch die Regisseurin und der Puppenspieler um 9:00 Uhr außerhalb der Evakuierungszone befinden. Mit der Findus-Puppe im Schlepptau bestiegen die beiden einen Shuttlebus, der zur Notunterkunft in der Turnhalle auf der Karthause fuhr. Stephan Siegfried erlebte eine Überraschung. Statt eines brechend vollen Busses, sagt er, wurden sie lediglich von einem RTL-Fernsehteam erwartet. Findus durfte während der Fahrt die ganze Zeit aus dem Fenster schauen, während Olga Wildgruber alles filmte.
Auf der Karthause angekommen, musste Stephan Siegfried erst einmal lachen. Denn vor der Halle stand, passend zu Findus, ein Wagen aus Katzenelnbogen. Kurz darauf staunte er abermals, denn die Notunterkunft war keineswegs überfüllt. Es hätten sich dort nur etwa 20 Personen befunden, berichtet Siegfried, unter ihnen gerade einmal zwei Kinder, die Zwillinge Joshua und Muriel. Die beiden hatten sich witzigerweise am Vortag „Morgen,

Findus (links) und Puppenspieler Stephan Siegfried sind dicke Kumpels.

Findus, wird's was geben" am Stadttheater angeschaut. Joshua und Muriel fanden es super, Findus einen Tag später ganz nah und für sich alleine zu haben.
Mitten im Spiel mit den Zwillingen, erinnert sich Siegfried, seien Filmteams aufgetaucht. Froh, dass in der Halle trotz der mehr als überschaubaren Menschenmenge etwas geboten wurde, hätten sich alle sofort auf Kater Findus, die zwei Kinder und ihn gestürzt. Danach war der Puppenspieler nur noch damit beschäftigt, Interviews zu geben. In den regionalen und überregionalen Medien wurde über ihn und seine Katzenpuppe berichtet. Er habe sogar Nachrichten aus Tschechien erhalten, erzählt Siegfried, der sich vor Mitteilungen, wie toll man seine Aktion findet, kaum retten konnte. Das frühe Aufstehen hatte sich also doch gelohnt, meint er lachend. Zwei Videos wurden von dem Tag geschnitten, so viel Material hatte Olga Wildgruber aufgenommen.
Stephan Siegfried hat sein beruflicher Weg wieder nach Koblenz geführt. Seit der Spielzeit 2023/2024 ist er Direktor des Puppentheaters am Stadttheater Koblenz. Bereits 2014 bis 2018 hat-

te er dort die Puppentheatersparte aufgebaut. Das Angebot ist mittlerweile bei Jung und Alt ausgesprochen beliebt und fest am Haus etabliert.

Stephan Siegfried fühlt sich sehr wohl in Koblenz. Er führt Regie, schreibt eigene Stücke und liebt es nach wie vor, auf der Bühne zu stehen. Er möchte für eine längere Zeit an Rhein und Mosel bleiben, sagt er. Irgendwann möchte er aber in seine Heimat Mecklenburg-Vorpommern zurückkehren, um dort sein eigenes kleines Puppentheater zu gründen. Wer Stephan Siegfried und seine sprudelnden Ideen, seine Leidenschaft für das Schauspiel und die Puppen erleben darf, hegt keinen Zweifel, dass dieser Traum eines Tages in Erfüllung gehen wird.

Royaler Glanz -
Die Queen auf Stippvisite

Lange, sehr lange hat es gedauert – von 1909 bis 1965. Stolze 56 Jahre hatte kein Monarch aus Großbritannien seinen Fuß auf deutschen Boden gesetzt, zumindest nicht offiziell. Zuletzt reiste Edward VII. 1909 als Staatsgast nach Deutschland. Im Mai 1965 änderte sich das endlich. Die Royals aus England besuchten die Bundesrepublik. Queen Elizabeth II., zum damaligen Zeitpunkt neununddreißig Jahre alt, gab sich gemeinsam mit ihrem Prinzgemahl Philip die Ehre und reiste für insgesamt elf Tage und über 3000 Kilometer durch Deutschland. Die königlichen Gäste landeten am 18. Mai auf dem Flughafen Köln/Bonn und wurden standesgemäß mit 21 Salutschüssen begrüßt.

Die Begeisterung war riesig. Das Fernsehen sendete fünfzig Stunden live, der Hörfunk strahlte Sondersendungen aus. Die deutsche Bevölkerung strahlte ebenfalls und bereitete den britischen Royals überall einen warmherzigen Empfang. Um zu gewährleisten, dass genügend Menschen Elizabeth und Philip zujubeln und Fähnchen schwenken, fiel überall dort, wo die beiden Station machten, die Schule aus.

Das galt auch für die Kinder in Koblenz, das am 20. Mai 1965, einem Donnerstag, fünfzehn Minuten lang die Anwesenheit der Queen genießen durfte. Zugegeben, nicht mehr als ein Blitzbesuch, so schnell waren die Monarchin und ihr Gatte wieder entschwunden. Trotzdem wurden immense Anstrengungen unternommen, um die Gäste aus London zu beeindrucken und ihnen, im besten Fall, einige unvergessliche Augenblicke zu bescheren. Das große Ereignis wurde natürlich in Wort und Bild festgehalten. Das Fernsehen hatte am Rhein ein bewegliches Studio aufgebaut. Am 19. Mai, als die Kameras eingerichtet wurden, wurde die Königin von einem Statisten gespielt. Dieser durfte sich so lange seiner royalen Rolle erfreuen, bis beim Fernsehteam 100-prozentige Gewissheit bestand, dass die denkwürdigen Momente bis ins Detail festgehalten werden würden.

Brigitte Zirwes, damals elf Jahre alt, ging mit ihrer Schulklasse zu Fuß von der Altkarthause nach unten in die Stadt. In der Nähe des Kurfürstlichen Schlosses in der Neustadt wartete sie zusammen mit ihren Mitschülern auf den prominenten Gast. Da sie nicht sonderlich groß war, durfte sie ganz vorne stehen. Vom Fähnchenschwenken war sie zwar nicht sonderlich begeistert, von der Queen aber schon, als diese in ihrem offenen Wagen zum Greifen nah an der Schülerin im langsamen Tempo vorbeifuhr. Stolz sei sie gewesen, erinnert sich Brigitte Zirwes, die Königin gesehen zu haben.

Auch Hans-Peter Zirwes, Ehemann von Brigitte und im Mai 1965 dreizehn Jahre alt, wurde von seinem Lehrer gefragt, ob er die

„Königin gugge ginn“ will. Zusammen mit einigen seiner Freunde verzichtete er auf das Angebot, ganz zur Freude seines Lehrers, der befürchtete, dass Hans-Peter und seine Kumpels etwas anstellen könnten. Dann siegte aber die Neugier der Jungs und sie gingen doch zu dem großen Ereignis. Hans-Peter Zirwes versuchte sogar, ganz nach vorne an den Rhein zu kommen, was ihm aber nicht gelang, weil die Menschen dicht an dicht standen und kein Durchkommen war. Heute findet er das schade.

Während Hans-Peter Zirwes versuchte, sich durch die Menge zu schlängeln, wurden 15 000 Fähnchen geschwenkt. Von einer eigens für dieses Ereignis gezimmerten Holztribüne am Rheinufer jubelten prominente Koblenzer und die Stadtratsmitglieder dem Königspaar zu. Ihr Weg führte die Royals an diesem Tag

Ministerpräsident Peter Altmeier freut sich sichtlich über den königlichen Besuch.

vom Bonner Petersberg, wo sie übernachtet hatten, über Ehrenbreitstein an die Rheinpromenade. Begleitet wurden sie von einer Ehreneskorte. In der Rhein-Mosel-Stadt begrüßte sie Ministerpräsident Peter Altmeier aufs Herzlichste. Es schmerzte die Koblenzer Seele ein wenig, dass Oberbürgermeister Willi Werner Macke laut sorgsam ausgearbeitetem Protokoll nicht Teil des Begrüßungskomitees direkt am Rhein sein durfte, sondern auf dem Dampfer „Loreley“, mit dem die Oueen in Richtung Kaub schipperte, auf den berühmten Besuch warten musste.
Nach nur fünfzehn Minuten war alles vorbei. Elizabeth und Philip betraten die „Loreley“ und entschwanden Richtung Kaub. Ein Besuch, kurz wie ein Windhauch, aber einer, an den Koblenz sich dauerhaft erinnern wird.

Colette - Von Kesselheim aus in alle Welt

Colette – welch ein klangvoller Name! Wer denkt da nicht sofort an eine anmutige, charmante Französin, die alle mit ihrem Liebreiz bezaubert. Aber weit gefehlt. Bei Colette handelt es sich mitnichten um eine französische Mademoiselle, sondern um eine Scheibenbremse.
Als 1961 in der Viktoriastraße, mitten in der Koblenzer Innenstadt, die aus England stammende Firma Girling Bremsen eine Zweigstelle eröffnete, ahnte freilich niemand, dass damit eine Entwicklung angestoßen würde, die weltweit für Aufsehen sorgen würde, auch wenn es auf dem Weg dorthin erheblich holprig war.
Das Holpern nahm 1962 seinen Anfang: Girling fand sich plötzlich mitten in einem Patentprozess wieder, der die Planungen für

die Herstellung von Scheibenbremsen ins Wanken brachte. Es gab aber auch Erfreuliches. Am 1. Januar 1963 zog die Firma in das eigene Gebäude im Kesselheimer Industriegebiet um, wo schon im September die Marke von einer Million hergestellter Trommelbremsen übersprungen wurde. Allerdings schwebte der Patentprozess wie ein Damoklesschwert über dem noch jungen Unternehmen, was sich auch im Folgejahr nicht änderte. Deshalb stellte man die Weichen neu und richtete das Augenmerk auf die Entwicklung neuer eigener Erzeugnisse. Koblenz wurde zur Denkfabrik des Konzerns – eine Entscheidung mit Folgen. In der Rhein-Mosel-Stadt wurden die Voraussetzungen für viele technische Neuerungen geschaffen. Der harten Arbeit Lohn bestand darin, dass Girling nach und nach die komplette Produktentwicklung für den Bereich der Europäischen Wirtschaftsgemeinschaft übernahm.

Mit der Produktion von Bremsen war dann in Koblenz allerdings im Jahr 1967 erst einmal Schluss. Der Patentstreit endete mit einem Vergleich. Das Unternehmen ließ sich aber nicht unterkriegen und setzte beharrlich weiter auf Innovation, auch im Bereich der Einbindung der Mitarbeiter. 1970 führte das Werk das innerbetriebliche Vorschlagswesen ein. Kreative Ideen der Belegschaft waren ausdrücklich erwünscht und wurden belohnt. Als Firma dachte man in großen Stückzahlen, die 10-millionste Trommelbremse lief in Koblenz vom Band.

Während der Ölkrise holperte es erneut, es mussten sogar Mitarbeiter entlassen werden, doch waren die in Koblenz entwickelten, innovativen Produkte äußerst begehrt. Unter anderem die schicke Colette, die Bremse, die der technische Direktor Heinz Rath miterfunden hatte, revolutionierte 1974 die Automobilbranche.

Was macht Colette so besonders? Nun, sie besitzt eine deutlich bessere Bremsleistung als andere Bremsen, benötigt weniger

Platz, ist von langer Lebensdauer und ausgesprochen servicefreundlich. Autos, die mit dieser Technik unterwegs sind, warnen mit dem Hinweis „Vorsicht Scheibenbremse!“ die Nachfahrenden vor einem deutlich kürzeren Bremsweg.
In den Folgejahren feierte Colette einen Erfolg nach dem anderen. Selbstverständlich wurde das Modell kontinuierlich weiterentwickelt und zum bekanntesten Bremssattel weltweit. 30 Automobilhersteller bauten sie in über 170 Modellen ein. Ab 1982 wurde die Scheibenbremse endlich auch in Koblenz produziert, schließlich besaß man dafür ein eigenes Patent.
Am 2. November 1992 machte sogar der rheinland-pfälzische Ministerpräsident Rudolf Scharping der Dame seine Aufwartung. Denn an diesem Tag beging man ein eindrucksvolles Jubiläum: Man feierte die Produktion der 200-millionsten Colette, wovon 25 Millionen in Kesselheim hergestellt worden waren.

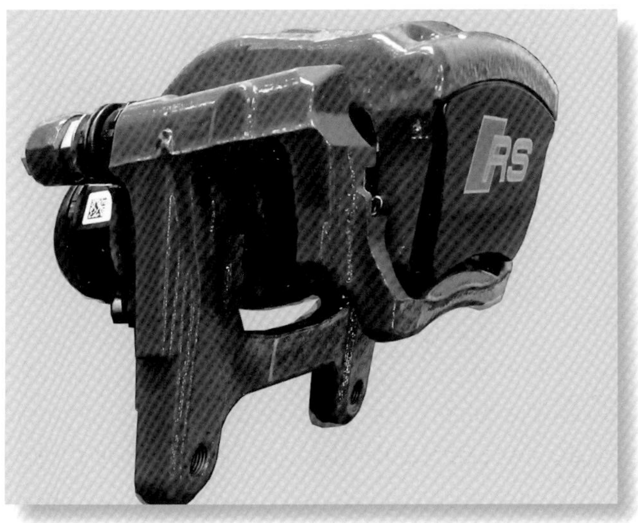

Hat die Bremstechnik revolutioniert: der Bremssattel Colette.

Alfons Krautkrämer arbeitete damals schon in der Firma. Er ist gelernter Werkzeugmacher und hat sich anschließend zum Maschinenbaumeister fortgebildet. Danach arbeitete er sich kontinuierlich nach oben, war im Bremsbelag-Team aktiv und wurde Projektleiter in der Entwicklungsabteilung. Mittlerweile ist er Rentner, aber dass ihm seine Arbeit sehr viel Freude gemacht hat, merkt man immer noch. „Die Entwicklung einer Bremse dauert etwa zwei Jahre“, erklärt er, „die Kosten belaufen sich auf über eine Million Euro pro Bremsengröße.“ Ist die Entwicklung abgeschlossen, wird die Bremse auf Herz und Nieren geprüft, zunächst unter Laborbedingungen, unter maximaler Belastung auf einem Prüfstand. Danach geht es nach draußen, zum Beispiel zum Stilfser Joch, mit fast 2800 Metern der höchste Alpenpass Italiens. Alfons Krautkrämer hat zu denjenigen gehört, die die spektakulären 180-Grad-Kurven, 45 an der Zahl, auf der Nordostseite des Berges zu Testzwecken im Zickzack hinuntergefahren sind. Über die Fahrten wird genauestens Protokoll geführt, zum Beispiel über die erreichte Temperatur. Wenn es hart auf hart kommt, kann Colette übrigens 600 Grad aushalten. „Die Tests haben Spaß gemacht“, versichert der ehemalige Projektleiter.

Bremsen wollen benutzt werden, erklärt Alfons Krautkrämer weiter. Der Bremsbelag ist ein organischer Stoff, der manchmal 200 bis 300 Grad sehen will. Ansonsten verglasen die Bremsbeläge, das heißt, sie werden hart. Für eine Bremse gilt der bekannte Spruch „Wer rastet, der rostet“ deshalb in besonderer Weise.

Der Colette-Bremssattel ist auch die Basis für ganz neue Bremsenkonzepte wie „Brake-by-Wire“ mit elektrischer statt hydraulischer Betätigung – und erfüllt auch ganz neue Anforderungen, wie die Rückgewinnung von elektrischer Energie in den Fahrzeugen der Zukunft.

Das Unternehmen, das seit 2015 unter dem Namen ZF (das ist die Zahnradfabrik Friedrichshafen – ein Technologiekonzern, dessen Anfänge in der Produktion von präzisionsgefertigten Zahnrädern und Getrieben für eine optimale Kraftübertragung zwischen Motoren und Propellern der Zeppelin-Luftschiffe lagen und der heute als drittgrößter Automobilzulieferer der Welt agiert) firmiert, übersprang als erster Zulieferer der Branche die Milliarden-Produktionsmarke bei Scheibenbremsen.
Es wird geschätzt, dass derzeit über die Hälfte aller Fahrzeuge weltweit mit einem Colette-Bremssattel unterwegs ist. Eine beeindruckende Bilanz – läuft in Koblenz vom Band, fährt auf der ganzen Welt.

Dem Himmel so nah - Artistik hoch über dem Rhein

31. Dezember 1999: Es geht nicht nur ein Jahr zu Ende, sondern ein Jahrtausend. Solch ein Jahrtausendwechsel ist ein seltenes Ereignis, das deshalb besonders gefeiert werden will. Mit etwas Spektakulärem. Walter Thul, dem eine bestimmte Idee im Kopf herumschwirrte, war damals Marketingdirektor von Radio RPR, was für Rheinland-Pfälzische Rundfunk GmbH & Co. KG steht. Er war seit der Gründung des Unternehmens mit dabei, erlebte am 30. April 1986 um 18.30 Uhr die Ausstrahlung der ersten Sendung. Damit ist Radio RPR einer der ersten privaten Hörfunkanbieter in Deutschland. RPR strahlt auch Regionalprogramme aus, unter anderem in Koblenz.
Das alles wusste der damals 45-jährige Johann Traber, Mitglied der Artistenfamilie Traber, die seit Jahrhunderten Akrobatik auf

dem Seil betreibt, nicht, als Walter Thul ihn anrief. Aber was der RPR-Mann von den Trabers wollte, das weiß er noch ganz genau. Ein Schräglauf auf dem Seil schwebte dem Medienmann vor, vom Deutschen Eck hoch auf die Festung Ehrenbreitstein, mit Radio RPR als Veranstalter. Das bedeutete, dass der Sender sich auch um die erforderlichen Genehmigungen kümmern und für die Sicherheit verantwortlich zeichnen würde. Johann Traber gefiel die Idee ausgesprochen gut, denn eines ist er beileibe nicht, ein Bürokrat. Er ist Künstler, Artist und Komödiant.

Nun ist Johann Traber nicht erst seit gestern als Seiltänzer unterwegs, schon im zarten Alter von zwei Jahren balancierte er auf der Hand seines Vaters. Er stammt aus einer jahrhundertealten Dynastie von Akrobaten und Komödianten, wie eine Urkunde aus dem Jahr 1512 beweist. Darin wurde der Familie Traber erlaubt, im Land zu reisen und aufzutreten. Was die Künstler auf dem Seil dann auch taten, haben sie doch in mehr als vierzig Ländern auf der ganzen Welt ihre atemberaubenden Shows gezeigt. Mit Stangen, Motorrädern, Autos, Fahrrädern sind sie über die Seile gelaufen und gefahren, sogar hinauf zur Zugspitze. Ihre Bekanntheit führte unter anderem dazu, dass sie Roger Moore kennenlernten, denn die Trabers waren im James-Bond-Film „Moonraker – Streng geheim“ als Stunttruppe gebucht und begeistern in der Eröffnungsszene des Films mit waghalsigen Kunststücken auf dem Hochseil.

Schwindelerregende Höhen, schwankende Seile, das alles ohne Netz und doppelten Boden, das alles ist Johann Traber gewohnt. Als er dann aber im Frühjahr 1999 zusammen mit Walter Thul am Eck stand, um den zur Jahrtausendwende gewünschten Drahtseilakt näher zu beleuchten, dachte der Artist nur noch eines: „Dem fehlen doch ein paar Tassen im Schrank, dem Typ vom Radio.“ Allerdings stand Johann Traber nicht allein am Rhein, sondern in Begleitung eines dicken Katers, den er sich am Abend zuvor eingehandelt hatte. Er habe einen gehörigen Brummschädel gehabt, gesteht Johann Traber und muss 25 Jahre danach noch grinsen. Walter Thul blieb der Kater anscheinend nicht verborgen. Er lud den Artisten auf eine Suppe ein. Während Johann Traber diese löffelte, machte ihm der RPR-Marketingdirektor eindringlich klar, dass er dieses Event mit den Trabers am Silvesterabend unbedingt wollte.

Nun gut, durch den Kopf gehen lassen konnte man sich das Angebot ja mal. Schließlich gibt es nichts, was mit einem Seil zu tun hat, was die Trabers nicht gemacht haben, beziehungsweise machen würden. Außerdem ist ihre Spezialität die Arbeit in der Höhe, unter freiem Himmel.

Wieder zuhause auf dem Jägerhof in Breisach, besprach Johann Traber den Wunsch von Walter Thul mit seiner Familie und seinem Team. Ein paar Tage später stand für die Truppe fest: Ja, wir machen das. Im Sommer besuchte Johann Traber noch einmal das Deutsche Eck. Er reiste alleine in einem großen Wohnbus, diesmal war auch kein Kater dabei. Tagelang saß er am Rhein und traf die notwendigen Entscheidungen. Schließlich waren seine Crew und er für die Statik zuständig.

Er dachte über die Logistik nach, die Technik, das Licht, über das benötigte Material zur Befestigung des Seils, darüber, wie man es über den Fluss zur Festung bekommt. Ein Spezialseil aus Stahl wurde angefertigt, 16 Millimeter stark.

Dann war er da, der Jahreswechsel 1999. Radio RPR ist große Events gewohnt. Drei Tage lang wurde am Eck gefeiert, was das Zeug hält. Mit Musik, Lasershows und … den Trabers. Es sei der schlimmste Aufbau gewesen, den er jemals erlebt hätte, schildert Johann Traber. Den 40 Meter hohen Mast hatte der Montagewagen am Deutschen Eck aufgebaut. Es habe Hoch-

Johann Traber, Künstler, Artist und Komödiant.

wasser geherrscht, der Aufbau für die waghalsige Fahrt über den Rhein habe nur abends stattfinden können, um den Bahn- und Schiffsverkehr nicht zu stören. 60 Helfer vom THW standen zur Verfügung, außerdem hat die komplette Familie geholfen. Aufregend war es, vier Stunden habe es allein gedauert, das 1500 Meter lange Stahlseil zu spannen, musste es doch erst einmal durch den Fluss, um dann nach oben gezogen werden zu können. Gar nicht so einfach – durch die starke Strömung des Rheins sei es immer wieder abgetrieben. Keine einzige Klemme sei mehr übrig geblieben, das komplette Material wurde für die Vorstellung gebraucht.

Dann, kurz vor dem Ende des Millenniums, war Johann Traber ganz in seinem Element. Auf seinem Motorrad fuhr er vom Deutschen Eck hoch zur Festung Ehrenbreitstein, ein Schräglauf ganz nach dem Geschmack des Auftraggebers und mehreren Zehntausend begeisterten Menschen, die beim Millennium Spectacle von Radio RPR 1 dabei waren. Die passende Musik dazu: Mission Impossible. Starke Seitenwinde machten ihm den Auftritt schwer. In der Mitte der Strecke überraschte er das Publikum auch noch mit einem Handstand auf dem Motorrad. „Wenn man solch einen Auftritt erfolgreich hinter sich gebracht hat", erzählt Johann Traber, „wird man von einem unglaublichen Glücksgefühl durchströmt." In Koblenz wurde das durch die Schiffe, die ihre Sirenen erklingen lassen, und die jubelnde Zuschauermenge verstärkt. Der Weltrekord, den Johann Traber dabei aufgestellt hat, die längste Fahrt auf einem Seil nur auf dem Hinterrad eines Motorrades, hat heute noch Bestand.
Außerdem wurde es noch romantisch. Nach dem Feuerwerk zur Begrüßung des neuen Jahrtausends heiratete Johann Trabers Neffe Rainer seine Braut Caroline, selbstverständlich auch auf dem Hochseil, schließlich ist auch eine Ehe manchmal ein schwieriger Drahtseilakt. Der Pfarrer, ein Freund der Familie, wurde in einem Korb nach oben gezogen, um die Trauung vornehmen zu können.
Nach dem Spektakel entwickelte sich zwischen Johann Traber und Walter Thul eine enge Freundschaft, die über zwölf Jahre, bis zum Tod Thuls, hielt. In Johann Trabers Partyraum hängt ein Foto, das die beiden unten am Rhein zeigt, über ihnen die Festung – eine schöne Erinnerung an unvergessliche Momente.

Weitere Bücher aus der Region

Koblenz – Farbbildband
Torsten Krüger /Manfred Böckling
deutsch/english/français
72 S., Hardcover, zahlr. Farbfotos
ISBN 978-3-8313-3280-9

Dunkle Geschichten aus Koblenz
schön & schaurig
Manfred Böckling
80 S., Hardcover, S/w-Bilder
ISBN 978-3-8313-2976-2

Unsere Glücksmomente
Geschichten aus Koblenz
Manfred Böckling
80 S., Hardcover
ISBN 978-3-8313-3387-5

Wartberg-Verlag GmbH
Im Wiesental 1 34281 Gudensberg
www.wartberg-verlag.de

Bücher für Deutschlands Städte und Regionen
Tel. 0 56 03 - 93 05 0
Fax. 0 56 03 - 93 05 28